JN060972

オンラインで稼ぐ！

ハンドメイド教室の作り方

モノづくり・お菓子・アロマ…
"得意"を教えるオンライン教室の先生になろう

オンライン講座の集客実践塾
「THE DREAM」主宰
マツドアケミ

内外出版社

「好きなことで、生きていく」。

　現在の私は、ハンドメイド作家さん向けのインスタグラムを使ったブランディング塾と、ハンドメイドの講師さん向けの動画集客とオンライン化の実践塾を経営し、また本の著者として、私が好きな人たちと好きなことでお仕事をしています。

　けれど、ここに至るまでには数え切れないほどの挫折、不安、失敗を繰り返してきました。

　私のスタート地点は、それこそ好きなことが何なのかすらわからない状態でした。仕事は嫌いで、できたらお嫁さんになって旦那さんの稼ぎだけで生活できるようになりたいと思っていたくらい。

　ところが30歳を前に、その夢は破れました。自分で自分を食べさせていくために何をしたらいいのか、どうせだったら「好きなことで生きていきたい」と思い始めたのです。

　しかし、その「好き」が何かわからなかったので、いろんな勉強をしました。資格取得したり、カラーやデザイン、英語を学んでみたり。学ぶこと自体は楽しかったのですが、そのどれも、一緒に「生きていきたい」と思えるほどではありませんでした。

　そんな私の人生を決めたのは、ふと目にした雑貨の雑誌です。世界中を旅して、各地でかわいいものを集めてきた私はワクワクし、「これが私の好きなこと！」だと確信できました。ただ、雑貨屋さんに転職し、バイヤーやショッププロデューサーとして仕事をして

いくなかで、雑貨屋さんを開業するためにはお金がかかり、なおかつ月商100万円を達成しても、家賃や仕入れなどで手取りはOL時代以下だということに気がついたのです。いくら「好き」でも、これでは「ちゃんと稼ぐ」ができません。

　それでも雑貨が好きだった私は、雑貨屋さんになるための開業本の企画が出版社に採用されたことがきっかけで、次の扉が開きました。私がやりたいことを実現できるのは「本を書くことかもしれない」と。世界中を行き来しながら、場所に縛られない仕事。本を書けたらそれは実現できる！　そうして会社を辞め、独立しました。

　独立してからも「雑貨」「ハンドメイド」「ブランディング」の切り口で、コンサルタントとして、本の著者として、お店のプロデューサーとして、様々な仕事を経験してきました。そしてたどり着いたのが「オンラインのお教室」です。

　自分の「好き」なことと「得意」なことを掛け合わせて立ち上げたハンドメイド作家さんや講師向けの塾をオンライン化したことで、私が「好きなことで、生きていく」ことが実現できるようになりました。

　オンライン教室のメリットは場所に縛られず、世界中どこにいてもお金を稼げることです。

　本書では、過去の私と同じように自分の「好き」なことで「生きていく」と決めているあなたに、オンライン教室を作って活動の場を広げ、自由な時間を得ながら、たくさんの人に感謝され、ちゃんと稼ぐ未来の作り方をお伝えしていきます。

マツドアケミ

CONTENTS

INFORMATION

　本書は、200名以上のハンドメイド教室の講師が実践し、成果を上げている内容をまとめた一冊です。この本の内容をより深く理解するために、4本の動画で復習することが可能です。

「新しい時代のハンドメイドのお教室作り」
無料オンライン講座

　また、本文の中でたくさんの実例をご紹介しています。ハンドメイド講師の皆さんの情報がわかるようになっているので、ぜひQRコードを読み取って、活躍ぶりをご覧ください。

CHAPTER

1

オンライン教室を
始めるなら今！

私がオンライン教室を始めたワケ

ブランディングスクールを立ち上げるまで

　雑貨に特化したフリーランスライターとして独立起業したころ、友人から作ってもらったホームページのおかげで、ライター以外の仕事もいろいろと舞い込むようになりました。

　その中のひとつが、トレンドや感度の高い情報が好きな女性向けの、雑貨のセレクトショップのプロデュースです。「1点もの」がトレンドだった当時は、フランスのヴィンテージ雑貨が大流行していました。また「1点もの」という類似点で人気が高まっていたのが、ハンドメイド雑貨です。

「作る」ことと「売る」ことの違い

　お店の品揃えにハンドメイド雑貨を取り入れようとリサーチしていくなかで、素晴らしい才能を持ったハンドメイド作家さんたちとの出会いがありました。ところが、ハンドメイド作家さんの多くは「作る」ことはできるものの、「値段はどうやってつけたらいいのか？」「売れるためにはどのような品揃えをしたらいいのか？」など、お店で販売するための知識がなかったのです。

一方、物販の世界でキャリアを積んできた私。モノを作ることはできませんが、お客様の視点に立ち、どうやったら「売れるブランド」が作れるのかはわかっていました。出品してくれていた作家さんたちにアドバイスをしていくうちに、どんどん魅力的な作品が生まれたり、売上を伸ばしていくことができるようになっていったのです。

Point!

「作る」ことと、「売る」ことは別物！
「売る」ためのテクニックがある！

天職を見つけた！

　次の仕事を模索していたときに、「この先、何をしたら人に喜んでもらいながら仕事が続けられるだろうか」と考えて出た答えが、ハンドメイド作家さんたちに自分が経験してきた雑貨屋さんの開業や作品を売るためのブランディングのノウハウをお伝えしていくことでした。そうして立ち上げたのが、ブランディングスクール「雑貨の仕事塾®」です。

　これからの時代は、好きなハンドメイドを仕事にして活躍できる人たちが増えていくだろうと思っていたので、お教室さえ開講すれば、すぐに生徒さんで満席になると思っていました。

集客は難しい

　ところが、現実にはとても厳しい出だしとなりました。最初につ

まづいたのが、「集客」です。

　私は本を出版しているのが強みでしたが、読者が東京にいるとは限りません。ホームページは持っていたのでかろうじて検索して来てくれる生徒さんもいたものの、遠方に住んでいる人はほとんどが「楽しかった、また来ます」で終わりでした。交通費や宿泊費をかけて再度受講するにはハードルが高かったのです。

> Point!
> あなたの「お客様」がどこにいるのか、
> 何を求めているのか、つかむのが大事。

　生徒さんが１か月にほんの数人という状況が続きました。１回の開催に１人も集められずにキャンセルすることもたくさんあり、なかなか軌道に乗りませんでした。

ブログ集客を始めたきっかけ

　その頃、ちょうど流行し始めたのがツイッターやブログです。今でこそWeb集客は当たり前ですが、当時の私は「インターネットで集客するにはパソコンやインターネットに詳しくなければいけない」という思いこみがありました。勉強しなければとWeb集客スクールに参加してみたものの、初心者の私はWebのマーケティング用語がまったくわからず撃沈する日々。

　どうしようかと考えあぐねていたときに、当時の私のアシスタントが「今お金をかけずに集客しようと思ったらブログ！　始めるならアメーバブログがいいですよ」と教えてくれたのです。まずは登

録だけしてみて、人気のブロガーさんの本を読んだり、いろんなブログをリサーチしながら、見よう見まねで書き始めました。

　そんななか見つけたのが、ブログ集客だけで売上を上げていた男性の起業家さんです。売り方や講座の運営方法を知りたいと思い、その人の塾に参加してみることにしました。

　そのときに知ったのが、今のオンライン起業の成功につながる大きなヒントでした。詳しくはP23でお話ししていきます。

オンラインの強み

　オンライン教室を始めて再認識したのが、Web集客の方法を覚えることの大切さです。Web集客を覚えたことで、生徒さんを集められるようになっただけでなく、オンラインでのお教室開催も、実はとても簡単にできることを知りました。

メリット

　オンライン教室には、リアル教室にはないメリットがたくさんあります。起業したときに描いていた、

> ● どこにいても稼げるようになりたい
> ● 生徒さんがどこにいても参加できる体制を作りたい

という願いは、オンライン教室にすることでなんなくクリアできました。

　さらには日本全国どころか、フランスやアメリカ、オーストラリアなど海外の生徒さんも参加してくれるようになったのです。

SECTION

2

オンライン教室の
3つのメリット

私が考えるオンライン教室のメリットは、3つあります。

---

❶ 時間が節約できて、無駄が減る
❷ 収益性が上がって、効率も上がる
❸ 安心できて、心のゆとりが生まれる

ひとつずつお話ししていきます。

❶時間が節約できて、無駄が減る

オンライン教室のメリットでもっとも大きいのが、「時間」です。
教室をオンライン化すると、講師も生徒さんも、移動や準備など今
までかかっていた時間が大幅に短縮されます。

講師にとってのメリット❶考える時間が減る

たとえば来月、沖縄で講座を開催するとします。そのためには、
次のような予約が必要ですね。

- 講座会場
- 自分（講師）が泊まるホテル
- 移動のための飛行機

　ただの旅行であれば、ビーチが目の前のラグジュアリーなホテルを選べばいいでしょう。でも講座で行くとなると、会場近くのほうが便利ですよね。

　ところが、土地勘のない場所での開催です。「どのエリアなら参加する人たちにとって便利か」「その会場には何人まで入れるか」「会場の雰囲気はどうだろう」などとリサーチすると、いくつも会場を調べたり、比較する時間が必要です。

　特に、私の生徒さんは女性ばかりなので、「できたら治安の良いエリアできれいな会場がいい」「お手洗いが数個あるほうがいい」なんてところまでリサーチをすることがあります。生徒さんに喜んでもらうためには、会場の利便性や環境も大事だと考えているからです。

　それらに配慮していろいろと考える時間が、オンライン教室ならゼロになります。オンライン化するためにも準備は必要ですが、一度完了してしまえば、その後は余計な時間は生まれません。

Point!

女性が多いお教室の場合、会場選びにも気を遣います。
オンライン教室なら、
時間がかかる会場選びの時間もカット！

講師にとってのメリット❷準備時間が減る

　さらに、当日までには洋服や資料のパッキングの手間、空港まで
の移動時間など、とてつもない時間がかかっています。それがオン
ライン開催の場合、「準備」のための時間が大幅にカットできます。
　リアル教室だと、でかける数時間前に起きて愛犬の散歩をして、
長時間電車に乗って……と必要だった時間が、開始15分前にパソコ
ンを立ち上げるだけ。体への負担も減り、圧倒的な時間の余裕が生
まれています。
　特にハンドメイド作家さんの場合には、前日までにキットをいく
つ用意しなければならないのか、余分にいくつ持っていくのかな
ど、イレギュラーな事態に対応する負担も少なくなります。

講師にとってのメリット❸雑務の時間が減る

　時間を短縮するという意味では、決済などの手間も大幅に楽にな
ります。オンライン決済を導入すれば、わざわざ銀行に行って記帳
して確認するといった時間もかかりません。
　オンライン講座のキットを発送するのであれば、ネットショップ
が簡単に開けるBASE、ハンドメイドのオンラインマーケットminne
などでも決済が可能です。

Point!

ささいなことの積み重ねが、大きな時間の節約につながります。
その分、講座内容のブラッシュアップや
集客などに時間を注ぐことができるのです。

生徒さんにとってのメリットもある！

さらに、動画でのオンライン教室は開始時期が一定ではなく、好きなときに始められるのも、リアル教室との大きな違いです。生徒さんにとっては、「やりたいけれど時間が合わない」という問題が解消されます。

いつでも始められるため、逆に「できない言い訳」がつかなくなり、講座参加へのハードルが低くなることにも繋がります。

❷収益性が上がって、効率も上がる

オンライン化することで、収益面でも大きなメリットがあります。まず単純に、会場代や移動の交通費、宿泊費などの経費がかからないので、収益性がアップします。

教室の運営面でも、メリットは絶大

運営の観点から考えても、メリットはたくさんあります。

リアル教室の場合、生徒さんが1人でもいれば、講師自ら会場まで出向いて準備をする手間や、それに伴う経費が生じます。また生徒さんが来られなかった場合は、キャンセル料が発生する可能性もありますよね。

それに対して、たとえば今私がやっているような動画を配信するタイプのオンライン教室では、動画を作って配信するだけです。それにかかる手間は、講座内容を考えて動画を撮ることだけ。余分な手間や経費を減らせます。

例：月額課金型のオンライン講座

　以前、私が開催していた月額課金型のサービスは「毎月1テーマ、ハンドメイド販売に役立つ動画」を視聴できるというものでした。立ち上げから2～3ヶ月の間で80名くらいの参加者が集まり、キャンペーンを行ったりするうちに、生徒さんが200～300人ぐらいの規模にまで成長しました。

　月額課金型のサービスなので、毎月の集客は不要です。また1つのテーマの動画を用意さえできたら、生徒さんが何人いたとしても会場キャパなどの心配だっていりません。

　生徒さんも好きなとき、好きなタイミングで動画講座を受講できるので、今まで地方在住でセミナーに参加することが難しかったり、子育てや介護中で時間の融通が利きにくい人からも喜ばれました。

　動画の講座さえ用意できれば、自分自身がリアルタイムでその場所にいなくても動画が自分の代わりに稼いでくれるので、収益性も効率性も飛躍的にアップします。

　ただ、月額課金型のオンライン講座やオンラインサロンは、受講生さんがずっと居続けてくれるわけではないので、継続してもらうための努力は必要です。

Point!

動画を使ったオンライン講座は、
効率よく収益を上げたい講師、
また自由な時間を手に入れたい講師にオススメです。

❸安心できて、心のゆとりが生まれる

　講師自身がリアルタイムで必ずその場にいなければいけない対面式教室と違い、オンライン教室では講師はどこで何をしていても成立します。

　感染症の拡大や自然災害など、思いもかけない災害に見舞われる現代ですが、私が今やっているような動画を配信するタイプのオンライン教室なら、生徒さんが動画を視聴できる環境にさえあれば、必ず受講してもらえる大きな安心があります。

　特に、対面でのレッスンやイベントが難しい状況下で、自宅で受講できることは、生徒さんの安心にもつながります。ひとつの例をご紹介しましょう。

天災にも備えられる教室運営

KURUMIYUがまぐち教室
がまぐち愛好家　金坂てるよさん

「講師の都合で休講」をなくす！

　千葉県在住のがまぐち講師である金坂てるよさんは、台風の被害で被災しました。電気がつかない、Wi-Fiも繋がらないという非常事態です。

　本来なら、自ら担当するオンライン講座を休講しなければならない事態でしたが、事前に動画が配信されるように自動化していたため、ストップすることなく講座を提供できました。

何があっても供給が滞らないことは、講師にとってはもちろん、生徒さんも安心でき、さらには収入の安定にも繋がります。

心のゆとりも生まれる！

　もうひとつプラスなのは、講師に心のゆとりが生まれることです。

　あるアクセサリー作家の生徒さんは、毎月3,000円のオンライン講座を頑張って配信し、月に10万円ほどの収入がありました。しかし受講生さんが台風などの自然災害に見舞われたり、お子さんが夏休みで参加できないなどの事情が相次ぎ、売り上げが安定しませんでした。

　ところが、P86「オンライン教室を開催する前の準備と流れ」を覚えることによって、1回の集客や講座募集で、一気に21ヶ月分もの売り上げが作れたのです。

　それまでは、毎月生徒さんを募集して講座を作り、なおかつ指導もして、時間に追われる日々。それが、生徒さんを「募集する月」と「教える月」を分けたことで、講座内容やサポートを充実させることに時間を費やせるようになり、生徒さんの満足度もアップしました。講師の側にも大きな心のゆとりができ、お互いにとって、とてもいいオンライン教室になったのです。

Point!

　このようにオンラインの強みを活かして工夫すれば、
　リアル教室にも負けない素敵な教室にすることもできるのです。

オンライン教室は
ニュースタンダード

時代と共に教室のあり方は変わっている

政府が推進する「働き方改革」によって、世の中全体の働き方が時代と共に大きく変わっている今。お教室のあり方も、オンラインを活用したカタチへと、大きくシフトチェンジつつあります。

場所を問わない

たとえば、働く場所の問題です。オンライン教室なら世界中どこにいても開催できるため、住む場所を限定されません。私の友人もオーストラリアで仕事をして帰国したのち、現在は沖縄在住、オンラインで前と変わりなく仕事を続けています。

ライフスタイルの変化にも柔軟に対応できる

育児や介護をしていても、また自分自身が年齢を重ねて移動が難しくなったとしても、オンライン教室ならリアルタイムで働かずに稼げるのも、大きなメリットです。

また、今までリアル教室の運営がうまくいかなかった人でも、お

教室をオンライン化することで新しい受講生さんと出会えたり、遠くに住む人も参加してくれるなど、可能性も大きく広がります。

　逆に、世の中がニュースタンダードへ移行しているなか、リアル教室に固執していると、受講生さんが増えることなく、収益性もダウンしてしまいます。受け入れるか、受け入れないかは人それぞれですが、チャレンジしてみる価値は大いにあるのではないでしょうか。

Point!

時代の変化と共にハンドメイドのお教室も変化しています。
波に乗って新しいお教室作りを始めましょう。

コロナで見直されつつある働き方

　2020年から本格化した、新型コロナウイルス感染症の感染拡大。これによって、今までの当たり前が大きく変わってしまいました。

　お教室の運営でも、今までは対面で集まることがスタンダードだったのに対し、密は避け、非対面型が主流に。実際に会うことが難しくなり、「また来てね」という言葉すら言いづらくなってしまいました。

　実際に対面することなく開催できるオンライン教室は、ポストコロナ時代のニュースタンダードになったといえるでしょう。講師も生徒さんも安心・安全なだけでなく、日常的にZoomなどのウェブツールを使う機会も増え、一般的にオンラインへの抵抗がなくなった

のも、コロナのもたらした大きな変化です。

参入障壁も低くなっている今がチャンス

　需要の拡大に応じて、企業もプラットフォームやオンラインの環境作りに力を入れるようになりました。ホームページの作り方から課金の仕方まで、さまざまな作業が簡単にわかりやすくなっています。組み合わせ次第でいろんなことができるようになりました。

　今までパソコンが苦手だったり、インターネットがいまいちわからなかった人でも、ハードルがぐんと低くなったといえます。自分が覚えたことを実践していけば、かなりのことができるので、臆せず挑戦してみましょう。

　コロナが収束したとしても、オンライン教室は主流になることでしょう。対面教室が開けるようになったら、対面とオンラインを組み合わせてもいいし、オンラインから対面に変更してもOK。教室の運営方法も、自由に選択できる時代に移行しているのです。

Point!

> ライフスタイルも働き方も、自由に選べる時代になった。
> そのどちらも両立できる可能性を持つのが、オンライン教室！

お教室運営の基礎

マツドアケミの失敗談

　今でこそ、オンライン教室での稼げるしくみを多くの人に教えている私ですが、最初からスムーズにいったわけではありません。自分自身がお教室の「しくみづくり」ができるようになるまでは、何度もの挫折を味わいました。

　私がオンライン教室を始めるきっかけになったのが、P9でお話ししたとおり、「お教室に人が集まらない！」「一度お教室に来てくれた人が再度来てくれない！」という悩みからでした。

数を重視しすぎてギブアップ……

　当時の私は、1回1万円の講座に生徒さんを集め、それが終わったらまた次の講座の生徒さんを集めるという、よくあるお教室運営のスタイルでした。

　「集客ができるようになったから！」と、見込みを立てて6つほどの講座を作り、ブログは1日6記事、Twitterは10ツイートを投稿し、1ヶ月に100人の生徒さんを集めて、目標だった月商100万円を初めて達成することができました。

ところがこの方法だと、常にブログを書き続けなくてはならないだけでなく、次から次へと新しい講座を立ち上げなければなりません。月商100万円を達成したのは嬉しかったのですが、それも束の間。あまりの過酷さに、１ヶ月でギブアップしてしまいました。

他の講師からヒントが！

　そこで私が疑問に思ったのが、「世の中で成功している起業家さんは一体どうやって月商100万円を達成しているんだろう」ということです。アメブロで成功している人たちのリサーチをした結果、たどりついたのが集客講座を提供している男性講師でした。

　その人は、５万円くらいのDVDで学べる講座を２〜３か月に１回販売し、その度に200〜300万円もの売上を上げていたのです。興味を持った私は、早速DVDを購入してみました。

　そのDVDには購入者限定のメンバーサイトがあり、１ヶ月間は講師と質疑応答ができるサポートが無料でついていました。さらにそのサポートを継続したい場合には、その翌月からサポート費として月額１万円程度を支払うしくみです。

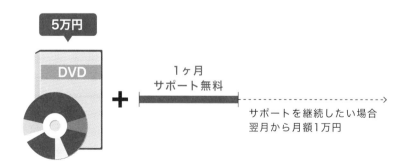

DVD＋サポート費のしくみ

５万円

DVD

１ヶ月
サポート無料

サポートを継続したい場合
翌月から月額1万円

これは今でいうサブスクリプションモデル、オンラインサロンのようなものですね。私はそのサブスクモデルを知ったことで、毎月講座を考えなくても、毎月集客しなくても、売上を上げる方法があると知りました。

サブスクリプションのしくみ

オンラインサロンのしくみ

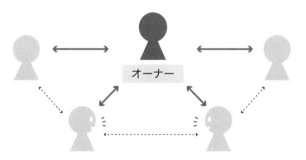

それまでの私は１回売り切りのビジネスで、毎月新しいコンテンツを作り、新規のお客様を集め、単発で収益を上げるシステムに終始していました。

　けれど、ちょっとやり方や教材を変えて、売り切り型でなく１回ご縁ができたお客様をサポートすることで継続してもらえば、毎回集客する手間をかけずにコンスタントに収益が得られることに気づいたのです。しかも全部オンライン上で完結します。

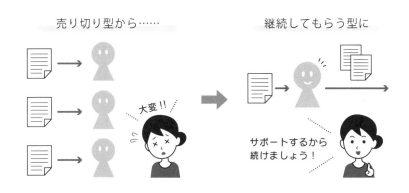

　このしくみを確立できれば、自分がサイトにへばりついていなくても収益が得られる。まず、このやり方をオマージュしよう。ここから始まったのが、新しい形の「雑貨の仕事塾®」でした。

　そこから、私のビジネスは大きく飛躍することになったのです。

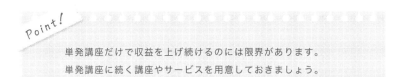

Point!

単発講座だけで収益を上げ続けるのには限界があります。
単発講座に続く講座やサービスを用意しておきましょう。

SECTION

5

お教室の「オンライン化」とは？

「オンライン化」にはいろいろなやり方がある！

　ここまでで、お教室のオンライン化にメリットがあることはお分かりいただけたかと思います。

Q でも、パソコンが苦手で
自分でちゃんとオンライン化できるか不安です……。

A.大丈夫！安心してください。
オンライン化にはさまざまな方法があります。

　たとえば、私が一番最初に始めたオンライン化は、メールで講座を配信するという方法でした。講座の内容を文章で書いて、それを読んでもらい、メールで質疑応答するというものです。これも「オンライン化」のひとつ。

　この方法を今風にすると、LINEで講座をお届けし、LINEで質疑応答するというのも、立派な「オンライン化」です。

パソコン苦手な私にはできない！　と諦めてしまわず、できる方法から始めてみましょう。

オンライン化しても基本は同じ

お教室のオンライン化をするためには、通常のお教室のように「講義」と、「作ったものに対してアドバイスを行うサポート」をセットにするのが基本となります。

そのため、オンライン化を始める前には、どういう方法で、どういう組み合わせで行うかをきちんと決めておくことが大切です。

「講義」には次の2つのタイプがあります。

- 「決められた時間に、一緒に」
- 「好きな時間に、1人で」

そして「サポートの方法」にも、2つのタイプがあります。

- 「その場で」サポートする
- 「あとで」サポートする

次のページから、順番にお話ししていきますね。

6

講義とサポートの種類

「決められた時間に、一緒に」タイプ

　「オンライン化」と聞いてすぐに思い浮かぶツールといえば、Zoomではないでしょうか。

　ハンドメイドの講師の中でもZoomを活用している人は多いですが、Zoomを使うのに向いているのは「決められた時間に、一緒に」手を動かす必要があるタイプの講座です。

　Zoomのほかにも、次のようなツールが使えます。

主な配信ツール

- Zoom（Web・オンライン会議アプリ。録画も可能）
- インスタライブ（インスタグラムで配信するライブ）
- Google Meet（Google社が提供するビデオ会議サービス）

メリット

　「今、一緒に」手を動かすためには、時間を決めてツールを立ち上

げ、画面越しに一緒に手を動かしながら教えることになります。

　この場合、講師もその時間は受講生さんと一緒にいるので、わからないことがあっても、その場ですぐに質問してもらえる利点があります。

Zoom

　Zoomで手元を見せながら配信する場合は、スマートフォンとPC（もしくはタブレット）の両方から立ち上げます。

　スマホの画面で手元を撮影し、PC（もしくはタブレット）でお話しします。

インスタライブ

　手元だけ映しながら、インスタライブを配信します。

ヒロのフェイクスイーツカフェ
フェイクスイーツ講師　本多宏美さん

注意点

　ただ、Zoomの画面で細かな作業を見せるとなると、パソコンやスマホの画面だけではよくわからないというケースも多々あります。

　その場合には、たとえばパソコンとスマホの両方を使って、パソコン画面ではお話ししてスマホで手元を映すなど、前ページのようなちょっとしたテクニックが必要になります。

　また、パソコンが苦手な生徒さんが参加する場合、Zoomを繋げるまでに至らなかったということもあるようです。

Point!

手を動かしながら何かを作るとしたら、講師だけでなく
受講生さんにも、Zoom などのツールを使う
最低限のパソコンスキルやスペックは必要です。

「好きな時間に、1人で」タイプ

　もうひとつの「好きな時間に、1人で」タイプは、事前に作っておいた動画をメールやLINEなどで配信し、講座の受講生さんにその動画を見ながら制作してもらうという方法です。

動画配信に使える主なツール

- Vimeo　など

「Vimeo」は、動画配信サイトのひとつです。YouTubeと違うのは、有料のプランを使うことによって、自らが作成した有料の動画コンテンツを販売することができる点です。

オンライン講座を販売する際には、Vimeoが便利です。

メリット

メリットとしては先にもお伝えした通り、一度動画を作ってしまえば何人にでも見てもらえ、収益性が上がることが挙げられます。また、受講生さんも何度も繰り返し視聴できるので、上達が早くなる傾向にあります。

注意点

その場で質疑応答はできないので、あとでメールやLINEなどで質疑応答を受け付けるなどのサポート体制が必要です。

各配信ツールの特徴

　前節でお話しした「決められた時間に、一緒に」タイプでは、配信方法の違いによって、使うツールを選べます。

　ここでは、以下の2つのタイプに分けてお話しします。

> ❶一方向タイプ
> ❷双方向タイプ

❶一方向タイプのメリット

　次のようなサービスは、コメントしてもらうことは可能ですが、基本的に講師が中心に発信します。

> ・インスタライブ
> ・LINE LIVE
> ・Facebookライブ
> ・YouTubeライブ

　スマホでも見やすいため、無料配信や安価な講義、お試しなど、最初のとっかかりに向いています。

一方向タイプの注意点

受講生さんはコメントは書き込めますが、講師は受講生さんがどういう状況か把握しきれないなど、できることに限界があります。

また、誰でも見れてしまうため、特定の受講生さんに向けて指導を行うなら、インスタライブでは非公開のアカウントを使ったり、Facebookでプライベートグループを作ったりすることが必要です。

インスタライブの場合は、非公開のアカウントを使えば4人までなら顔を見ながら話せるため、3人の受講生さんと講師で講座が開けます。

❷双方向タイプのメリット

双方向のやりとりができるのが、以下のようなサービスです。

- Zoom
- Google Meet

お互いの顔を見て会話しながらできるので、受講生さんと同時に作りながらの講義も可能で、受講生さんの満足度も高まります。

双方向タイプの注意点

顔を出して話すのが苦手な講師には、ハードルが高いかもしれません。また、受講する側も顔を出しての参加を嫌がるケースもあります。ある程度Zoomに慣れている人や、安心安全な場作りに協力的な受講生さんに向いています。

オンライン化の例

P27では、お教室のオンライン化をするためには、通常のお教室のように「講義を行う動画」と、「作ったものに対してアドバイスを行うサポート」をセットにするのが基本とお話ししました。

ここでは、実際に動画とサポートにどんな組み合わせがあるか、いくつかの例と共にご紹介します。

あなたの講座内容や受講者さんの状況などを考慮しながら、どんな形が向いているか考えてみてください。

【動画＋Zoom】×その場でサポート

「決められた時間に、一緒に」したいけれど、手の動きとおしゃべりを同時にするのが難しい場合は、事前に手の動きだけの動画を撮影しましょう。そしてその動画をZoomで流し、受講生さんと一緒に見ながら、講師はリアルタイムで口頭説明をしていきます。

この方法だと、講師が受講生さんの動きをチェックをしつつ講義を進められます。講師にとっては心の余裕が生まれ、受講生さんにとっても講座の理解度が上がるので、お互いにメリットがあります。

【動画の提供】×あとでFacebookでサポート

　キットや講座を購入してくれた人に対して、動画配信サービスVimeoで動画を配信し、LINEやFacebookグループに「動画を見てください」と流すだけで完了。Vimeoは有料プランを利用する必要がありますが、会員サイトを作る必要もなく、とても便利です。

　そしてサポートは、Facebookにて質疑応答を受け付けます。

Facebookを使うメリット

　私がオンライン化を進めたときにまず着手したのは、会員サイトを作ることでした。そこに複数の講座の動画を載せて好きな時間に視聴してもらい、わからないことはFacebookで質疑を受けて、個別にアドバイスをする方式です。

　Facebookではプライベートグループを作り、受講生さんを招待すると、受講している人だけが写真を投稿したり、質問を投げかけたりできるようになります。

【動画の提供】×あとでLINEでサポート

　今や、日常的に多くの人が使っているアプリケーションツール、LINE。Facebookのアカウントを持っていなくてもLNEは使っているという人は多いので、Facebookの代わりにLINEでもオンライン教室を簡単に始められます。

　LINEで受講生さんに動画のURLを送り、LINEでやりとりをする形です。モノ作りやお料理などの講座は手元を見せなければいけな

いので少しハードルは高くなりますが、ノウハウを語ったり、写真を見てアドバイスするような講座なら、LINEでも十分に対応できます。

LINEだけでもお教室運営はできる！

　私が参加したことのあるオンライン講座は、ロスアンジェルス在住の講師によるものです。動画やテキスト資料、質疑応答などは全てLINEのみで完結していました。

　講師が個人のアカウントで講座の受講生さんのグループを作り、そのグループに動画のURLや講座のテキストを投稿します。それについて受講生さんからの質問が送られてくるので、講師はそれに答えるという形でした。

　LINEはほとんどの人がアカウントを持っているので、オンライン講座参加へのハードルはとても低くなります。一方で、見たい資料がどこに投稿されているのかなど、情報を探すのに手間がかかることがありました。また、アクティブな受講生さんが10数名いたこともあり、朝から頻繁に通知が来ることには、煩わしさを感じたことも。

　それでも、専用の会員サイトなどを作らなくても、LINEだけで月商100万円ぐらいのお教室ビジネスは成り立つと思えた経験でした。

Point！

大事なのは、自分が使い慣れたものを組み合わせること。
やり方は１つではないので、自分が使えるツールを組み合わせて、
自分のやりやすい発信・サポートのしくみを作りましょう。

CHAPTER

2

稼げる
オンライン教室の
作り方
準備編！

講座が開催できるだけでは
お教室は運営できない

オンライン化する前に……

　世の中には、受講生さんに喜んでもらいながら売上を順調に伸ばしているお教室があります。

　その一方で、受講生さんを楽しませようと講師自身がさまざまな資格を取得して講座を開催しようとしているものの、受講生さんが集まらず売上が上がらないで困っているお教室もあります。

うまくいくお教室と、そうでないお教室の違いって何だろう？

　では、うまくいくお教室と、そうでないお教室は何が違うのでしょうか？

　それはズバリ、お教室が軌道に乗るための「お教室運営のスキル」を持っているかどうかにかかっています。

Point!

受講生さんに喜んでもらいながら売上を伸ばすには、講座内容の良し悪しよりも、お教室運営のスキルを持っていることが重要！

お教室運営はサイクリングと一緒

私がよくする例えに、「お教室運営はサイクリングと一緒」というものがあります。

自分に置き換えて考えてみてください

たとえば、あなたがハーバリウムの資格を取って、お教室を開いたとしましょう。ところが、頑張って集客してもなかなか受講生さんが増えません。

ハーバリウムだけでは受講生さんが集まらないので、次に刺繍の講座も開くことにしました。ハーバリウムも刺繍の講座も毎日のようにブログやインスタグラムに記事を書き、受講生さんを募集しました。しかし、それでも集まりません。

「私の講座に受講生さんが集まらないのは、宣伝が足りないから！」と、今度はインスタグラムのフォロワーさんを増やそうとフォローバックを狙って、自分からポチポチとフォロワーさん増やしを頑張りました。……けれど、やっぱり受講生さんは集まりません。「どうして私のお教室は人が集まらないのかな」「もうやめたほうがいいのかな」と、気持ちがどんどん落ち込んでいきます。

これは、実によくあることなのです。あなただったらどうしますか？

一輪車で走り続けるような運営はNG！

　どうしてこのような状況に陥ってしまうのでしょうか？　それは、あなたが頑張って「一輪車」でサイクリングに出ようとしているからなのです。

　その名の通り、一輪車にはタイヤが１つしかありません。一生懸命ペダルを漕いでも安定感がなく、フラフラな状態ですよね。こんな一輪車でサイクリングに出かけようものなら、目的地へたどり着くのは難しいかもしれません。

　でも一輪車ではなく、自転車でサイクリングに出かけたらどうでしょう。自転車には前輪と後輪、２つのタイヤがあります。前輪にはハンドルがついているので行きたい方向へハンドルを切ることができますし、２つのタイヤでスイスイと気持ちよくサイクリングできるでしょう。

一輪車だと……　　　　　　　　自転車なら……

自転車で走るようなお教室運営って？

お教室運営も、サイクリングと同じです。

つまり、ハーバリウムにしろ刺繍にしろ、「とりあえず資格を取って講座は開催できる状態」が一輪車の状態です。ハーバリウムの一輪車がダメだったからといって、刺繍の一輪車に変えたところで、一輪車のまま。結果は同じです。

でも、ここにお教室運営に必要な「お教室を成長させるスキル」という、自転車の前輪が加わったらどうなるでしょうか？　フラつくことなく前に進み、目的地にたどり着けるお教室になるのです。

お教室運営のスキル　　　　　講座のメイン内容

自分のお教室が稼げるお教室にならないことを、「技術の問題」だとか「自分に人気がないから」だと思い込みがちです。そうではなく、単に稼げるお教室にするための「お教室運営のスキル」がないだけなのです。

パソコンを持っているだけでは何もできないように、タイピングを速くできるようにするとかアプリを駆使して効率的に作業できるようにするとか、使いこなすためのスキルが必要なのと一緒です。

お教室の運営スキルとは？

　では、この「お教室運営のスキル」とはどんなものでしょうか？
それは次の３つのポイントです。これがわからないままだと、いつ
までも空回りすることになります。

---

❶ どのような講座を開催するか
❷ どうやって受講生さんを集めるか
❸ １回来てくれた受講生さんにどうやって継続してもらうか

最短でお教室を成功させるために必要なこととは？
アトリエ リアスメイ　ドール服講師　廣田友紀さん

講座の作り方・売り方は講師の必修項目

　最初は趣味で作っていたものの、ドール限定のイベントや
minneなどで販売していくなかで、ますますドール服が好きにな
った友紀さん。作る楽しさを教えたいという想いが膨らみ、講師
を目指すことにしました。ところが、カリキュラムを組んだり、
その講座をどうやって販売したらいいのかが全くわからず、「お教
室運営スキル」を学ぼうと決意。

　まず、初心者でもカンタンにドール服のドレスが作れるように
なる、６ヶ月間の基礎講座のカリキュラムを作りました。また、
同時に販売に必要な流れを覚え、必要なサイトや動画も準備し、
いよいよ講座を販売！　すると、５万円のその講座がたったの１
時間で10名の満席に。その後も追加募集をし、第１期生は24名
でのスタートとなりなした。

　「作る」をできる人はたくさんいますが、「お教室運営スキル」

が必要だと気がついている人は実は少ないのです。友紀さんの場合、最短でオンライン講座を作り、なおかつ集客して、講座を販売できるようになりたいと思っていたことと、そのためには「お教室運営のスキル」が必要不可欠だといち早く気がついたことで素晴らしい成果が出せました。

力任せ、数任せにしないお教室運営を目指そう！

　かつての私もそうでした。

　最初は全然生徒さんが集まらず、Web集客の塾に参加しブログから集客ができるようになったものの、「お教室運営のスキル」がなかったので、とにかく力任せに頑張ることしかできませんでした。しかもお教室を運営するのに「スキル」が必要なことも気がついていませんから、忙しいままで大した収益も上がらない状態です。

　売上を上げるために講座の数を増やし、講座を増やすとさらに忙しくなるという悪循環。ブログを1日でも休んだら生徒さんが来なくなるかもしれないと、常に恐怖との戦いでした。

　けれど、生徒さんの数を増やしたり講座の回数を増やすのではなく、少ない人数でもちゃんと収益が出る方法を知ってからは、無理せず年商2,000万円くらいまで稼げるようになりました。

Point!

一輪車のままサイクリングを続けると、
どんなに頑張っても途中で倒れてしまいます。
きちんと「自転車」に乗って、生徒さんに喜ばれながら
自分の収益もどんどん上げていけるお教室にしていきましょう。

2

しくみ・ルールを
先に覚えることが大切！

まずは「お教室運営の基本の考え方」を知ろう

　P40で、お教室運営はサイクリングと一緒というお話をしました。
あなたが今持っているのは一輪車です。一輪車は一つあれば十
分。つまり、はじめに用意する講座は1つだけでOKです。

でもマツド先生！
メニューがたくさん選べる状態でないと、
受講生さんが途中で来なくなってしまいませんか？

A. そういう声もたくさん聞きますが、まずは1つの講座を
きちんと運営できるようになりましょう！

　いろいろなメニューの講座を開催している多くのお稽古サロン
は、受講生さんが習いたいと言ったものを講師が他所で習ってきて
教えるケースが多いようです。このケースは、すでに受講生さんが
たくさんいて、事務局スタッフが受講生さんの管理ができるなら、

順調に売り上げを伸ばすことができると思います。

　ところが1人の講師がいろんな講座を開催するとなると、受講生さんとのやりとりが複雑になり、管理の面でお教室の信頼をなくす事態が起こってしまうことがあります。

　私も、いくつかの講座を複数同時に開催したことがありました。しかし集客をするのは私1人ですから、あっちの講座にもこっちの講座にも人を集めなければなりません。結局、どの講座にも数名しか集められず、自分の時間だけ浪費して、フラフラになっているのに収益は上がらないままという状態でした。

講座は1つに絞る！

　あえて講座を1つに絞ることで集客に集中でき、受講生さんのサポートもより丁寧にしてあげられます。その結果、喜んでもらいながら収益アップにつながりました。

　将来的に受講生さんにいろいろな講座を受講してもらえるお教室にしたいと思っていたとしても、まずは1つの講座でしっかりと収益があげられるようになることがとても大切です。

講座を1つに絞ることのメリット

Point!

- ・何の専門家なのか、覚えてもらいやすい
- ・発信内容に一貫性を持たせることができる
- ・講座作りも集客も1つに集中することができる
- ・生徒さんの成長に合わせて、次の講座を提案できる

「ちゃんと稼げる オンライン講座」の作り方

　お教室を開くときにまず考えなければならないのが、「どんな内容の講座を開催するか」です。P44では、まず1つに絞りましょうというお話をしました。

「自分がやりたい講座」＝「稼げる講座」 に繋がるとは限らない

　ハンドメイドやお菓子、アロマなどの講師の多くは、好きなこと・作りたいもの・表現したいことで起業を考える人が多いでしょう。「好き」の気持ちは頑張る力になるので、大切にしてください。
　ところが、「自分がやりたい講座」＝「稼げる講座」に繋がるかというと、そうとは限りません。稼げる講座を開催するうえで大事なのは、「それ、私も作ってみたい！」と思ってくれる人をどれくらい集められるかということです。

ブームを調べてみよう

　インスタグラムで人気のハッシュタグ検索したり、「いいね」がたくさんついている作品の傾向をチェックしてみてもいいでしょう。注目すべきは、「今作りたい人たちがたくさんいる、ジャンルやモノ

は何か」というポイントです。

　地方で開催している対面型のお教室などの場合、世間でブームを起こしているモノの講座はヒットする可能性があります。「近くに流行しているモノのお教室があるから行ってみよう！」という感覚ですね。

　「たくさんの人がやっているから他のことをしなくては」と考えてしまいがちですが、「たくさんの人がやっている」＝「ニーズがある」ということでもあります。

流行の段階を見極めよう！

　ただ、その「たくさんの人がやっている」ものが、今どの段階なのかを把握することも必要です。

　世の中の商品やサービスには、「プロダクトライフサイクル」というのもがあります。商品が売り出された直後の「導入期」、そのうちにたくさんの人が興味を持ち皆に欲しがられる「成長期」、ほぼほぼ行き届いた「成熟期」、そして世の中がどんどん次の商品やサービスに目が行き始める「衰退期」です。

プロダクトライフサイクルとは

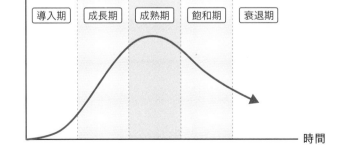

売上

| 導入期 | 成長期 | 成熟期 | 飽和期 | 衰退期 |

時間

ほとんどの人に認知され、行き届きつつある「成熟期」状態の講座を開催しても、受講生さんは集まりづらい傾向にあります。大事なのは、「最近これが増えている！」と実感できている「成長期」を狙っていくイメージです。

「稼げる講座」から「稼げる"オンライン"講座」へ

　ここまでが「稼げる講座」のお話です。これを「稼げる"オンライン"講座」にする場合、もう少し踏み込んで考える必要があります。
　同じようなオンライン講座がいくつも出始めると、講座内容だけでなく、ネットでカンタンに料金を比較されたりします。また、講師の知名度や実績なども、集客に影響が出てくることもあるでしょう。
　「誰でもカンタンに、流行っているモノが作れるようになりますよ」とアピールするだけでは集客が難しいのが、オンライン講座なのです。
　ではどうしたら稼げるオンライン講座になるのでしょうか？　次のページから、3つのポイントを順番に説明していきます。

「ちゃんと稼げるオンライン講座」の作り方
❶お客様を絞る

　稼げるオンライン講座を作るポイントを３つ挙げていきます。１つ目は、「お客様を絞る」ことです。

ターゲットと悩みを絞ってみる

　では、レジン教室を例にしてみましょう。
　「誰でもカンタンに可愛いレジン作品が作れる講座」は既にたくさんありますよね。そこで、「レジン経験者でうまく作れなかった人」のために、「レジンの扱い方を極めて美しいお花のアクセサリーが作れるようになる講座」にしてみます。
　「誰」という対象を「レジンをやったことがある人で悩みを持っている人」と絞り込みをして、講座の内容も「悩みを解決して今以上の作品が作れるようになる」といった訴求をしてみるのです。

Point!

　×「誰でも」→ ◎「悩みを持った経験者が」
　×「カンタンに」→ ◎「より美しい作品を作れるようになる」
　……という風に、ターゲットと悩みを絞ってみよう！

初心者さんから経験者さんまで、みんなに参加してほしいと思ってしまいますが、あえて対象を絞ることで選ばれやすい講座になります。

　この、「お客様を絞り込む方法」で成功した実例をご紹介します。

「片手で作れる」「片手でつけられる」を強みに

バリアフリーアクセサリー®ユアミューズ代表　寺崎薫さん

半身麻痺でも楽しめる「バリアフリーアクセサリー®」を考案

　アクセサリー講師として20年以上活躍している寺崎薫さん。あるとき、歩行をサポートする「杖」のデコレーションの仕事を始めたことがきっかけで、世の中には若くても脳卒中などの病気で半身麻痺を抱えて生活している人がたくさんいることを知りました。片手しか使えない状態になるため、アクセサリーをつけることも諦めなくてはならないことがあるといいます。

　薫さんはそのときちょうど、高齢の女性たちがカンタンに身につけられるアクセサリーの販売を考えていました。そこで、「片手で作れて、片手でつけられて、片手で教えることができる講座を開催したら喜んでもらえるかもしれない」と考え、立ち上げたのが「バリアフリーアクセサリー®講座」です。

講座が社会活動にも繋がった

　それまでは幅広い年齢層の女性にアクセサリーの作り方を教える講座を開催していた薫さんですが、現在は「バリアフリーアクセサリー®」の認定講師を育成する講座に注力しています。

　半身麻痺の女性たちに片手でつけられるアクセサリーでお出かけを楽しんでもらったり、片手でも作れるアクセサリーの講師たちに、社会での活躍の場を作るための活動をしています。

「ちゃんと稼げるオンライン講座」の作り方
❷既にあるものを新しくする

稼げるオンライン講座を作るための2つ目のポイントは、「既にあるものを新しくする」ことです。

「新しさ」をプラスして 心のスイッチを押しちゃおう！

お客様がお買い物のときに、何かを見たり読んだりして思わず心の購入ボタンをポチッと押してしまう。そんな魔法のようなスイッチのことを、マーケティング用語で「心理トリガー」と呼び、その中のひとつに「新しさ」というものがあります。

身近にある心理トリガー

たとえばコンビニで、「新商品」とか「リニューアルして新しくなりました」などと書かれた商品は気になったりしますよね。今までよく見ていたものでも、「ちょっと新しい」と言われると、どんなものなのかな？　と、つい購入してしまうことがあります。

それを、オンライン講座に応用するのです。

そうはいっても、新しい技術や新しい講座を一から作るのはとても難しいですよね。そこで、「自分ができること」に「ありそうでなかった新しい要素」を足すことで成功した事例をご紹介します。

フラワーアレンジメントの技術を活かして

Fleur cafe* flannel（フルール カフェ フランネル）
フラワー講師・作家　さかしたけいこさん

思い切ってリースの教室に

　さかしたけいこさんは、旦那さんの転勤に伴ってあちこちでフラワーアレンジメントのお教室を開催していました。ところが花材を調達するのが難しい地域もあり、どこでも誰にでも手に入るものでお花のような作品が作れないかと考えました。

　そこで着目したのが毛糸です。毛糸を使ってリースを作り、ハンドメイドマーケットで販売したところ、大ヒット。クリスマスシーズンには100個もの作品を販売できました。

　そんなわけで、オンラインお教室を始める際にフラワーアレンジメントの講座ではなく、「ふわふわ毛糸のリース」講座を始めることにしました。

ヒットしたポイントは……

　毛糸は、100円ショップでも購入できるとても身近な素材です。またこのリースは、ランチョンマットが敷けるほどの小さなスペースがあれば作ることができます。

　見た目の可愛らしさや、身近な素材でカンタンに作れるという点から、大人気のオンライン教室になりました。

人気のレジンでも趣向を変えて……
Salon de Amor（サロンドアモール）
ハンドメイド講師＆お教室運営コンサルタント　徳丸あこさん

新しい技術は講師にも需要がある！

　沖縄で、お稽古サロン「サロンドアモール」を経営する徳丸あ
こさん。人気のレジンを使って、口紅やリップパレットを作るオ
リジナル講座「コスメティックレジン®」を考案しました。

　作品作りやメニュー作りに悩んでいたレジン作家やレ
ジン講師に大人気の講座となりました。

Point!

今ある技術や素材を使って「ちょっと新しい」を作ることで、
オンラインでも稼げるお教室ができあがります。

「ちょっと新しい」を表現するために
講座のネーミングを工夫してみよう！

　お教室の集客に必要な要素のひとつが、ネーミングです。先ほど
の実例に登場した「ふわふわ毛糸のリース」や「コスメティックレ
ジン®」などのように、知っている言葉と言葉を組み合わせて、「ち
ょっと新しい」講座にすることも可能です。

　また、普通に使っている講座名に形容詞などの言葉をつけること
で、新しいものになるケースもあります。

言葉をプラスして新しさを演出！

翠花堂（すいかどう）
ドライフラワー作家講師　滝口美紗子さん

お客さんの興味を引くには……？

　ドライフラワーを作る技術を教える滝口美紗子さんは、どのようにお客様に伝えたら「やってみたい！」と思ってもらえるだろうかということに悩んでいました。

　相談を受けた私は、そのドライフラワーが、私たちがイメージしているドライフラワーとどのように違うのかを詳しく伺いました。

作品や技法の特徴を別の言葉で表してみる

　ドライフラワーというと、「少し色あせている乾いたお花」という印象が強いですが、そのドライフラワーは生花の色をそのまま鮮やかに残せる技法を使っていることが特徴でした。

　その話を聞いたときに、庭で花を育てている人や、特別な贈り物で花をもらった人の姿が思い浮かんできたのです。大切な花を思い出とともに、綺麗な姿で残しておけるのはドラマチックだなと素敵に思ったので、そんな情景をネーミングに反映してみてはどうかと提案しました。

少しの工夫で独創的な講座に！

　そんなお話から、美紗子さんの講座は「ドラマチック・ドライフラワーの作り方講座」という名前に生まれ変わりました。

　もともとある名詞に言葉をプラスしただけですが、「ちょっと新しい」を表現できます。

一方で、全く聞いたことがない名詞を使ったり、想像ができないような言葉の組み合わせで新しさを打ち出そうとするのは危険です。どんな講座なのかが結局伝わらず、お客様も選びようがなくなってしまいます。

Point!

新しさだけを追求するのは NG！
ひねりすぎず、きちんと伝わるネーミングを意識しましょう。

「新しい技術」、 「誰もやっていない手法」だからいい！？

「やっている人がいないからブルーオーシャンだ」、「全く新しいことを始めたいから、それで生徒さんを集めよう」と考えるケースがあります。

P47でお話しした「プロダクトライフサイクル」でたとえると、新しい商品やサービスの「導入期」は、まだ社会性もなく、ヒットするかどうかわからない時期にあたります。また、仮にヒットしたとしても、認知を広げるのに時間がかかる可能性が高いです。

そのため、まずはニーズがあるのかをしっかりと把握することが必要です。P52「ふわふわ毛糸のリース」のけいこさんのように、すでに販売をしていて実績があるとか、インスタグラムの投稿に「いいね」が多いものを調べるなど、事前にニーズをリサーチしたうえで始めてみるといいでしょう。

「ちゃんと稼げるオンライン講座」の作り方
❸お悩み解決をしてあげる

　　稼げるオンライン講座を作るための３つ目のポイントは、受講生さんのお悩み解決をしてあげることです。

あなたが解決してあげられる悩みを考えてみよう

　　ハンドメイド作品においては、「かわいい」「作りたい」というモチベーションで講座に参加する受講生さんが多い傾向にあります。
　　一方で、なかにはお悩みを持っている人に対して解決策となる講座を開催することで人気となる講座もあるのです。

自身の失敗経験を活かした講座作り
KURUMIYUがまぐち教室
がまぐち愛好家　金坂てるよさん

技術は手に入れたものの……
　　ハンドメイドが大好きで、布小物を販売していた経験のある、金坂てるよさん。そんなてるよさんが唯一うまく作れなかったもの

が、「がま口」でした。

　上手に作れない悔しさから、本格的にがま口を習おうと教室に通いました。そこでは「1ヶ月に100個作る」という目標を自分に課し、頑張って上達したのです。

転んでもタダでは起きない！

　ところが、満を持してハンドメイドのイベントに出店したものの、悲しいことに思うようには売れなかったのです。

　それでも根っからの努力家のてるよさんは、

- どのようにブースを作り込み
- どのような商品構成で
- どうやって接客をしたら売上が伸びるのか

を試行錯誤しながら、自分なりの販売のルールを確立していきました。

教えられることは「技術」だけじゃない！

　そんな経験を活かして、現在は、がま口作りに悩んでいる初心者さんや、仕事としてがま口作品の売上を上げたい作家さんに特化した「がま口の作り方と販売方法」を教えるお教室を運営しています。

　てるよさんのように、作り方だけでなく販売に関するお悩みを持った受講生さん向けの講座を提供しているオンライン教室もたくさん存在しています。

こういったタイプのお教室の場合、お客様のお悩みをしっかりと把握しておかなければなりません。なぜなら、お客様のお悩みの解決策が、そのままあなたの講座のアピールポイントになるからです。

悩みからの逆算で、
お客様の求める「解決となる講座」が作れる！

たとえば、食べ過ぎで胃もたれしている人に頭痛薬を出しても喜ばれませんよね。胃もたれしている人に胃薬を処方してあげるから、お客様が「欲しいです」と購入してくれるわけです。

前ページのてるよさんの場合、解決してあげられるのは「対面販売のときにお客様に何を伝えるか」「どのような商品構成を練るか」というお悩みです。

では、その解決策が欲しい人はどのような人でしょうか？　「イベントに出店しているけれど売上が作れない人」や、「いろんな口金を使ってがま口を販売しているけれど在庫の山を抱えている人」ですね。

Point!

あなたが提案できる「解決策」を求める人は
どんな悩みを持っているのか、想像してみよう！

SECTION

7

見込み客（ペルソナ）
を集めよう！

見込み客（ペルソナ）を考えよう

　お教室には、あなたの講座に参加したい意思を持つ受講生さんを集めなければなりません。そのために大切なのが、「あなたが開こうとしている講座に興味を持ってくれるはどんな人か」という、見込み客（ペルソナ）は誰かを考えることです。

自分が悩みを解決してあげられる人って、どんな人だろう？

　たとえば、P56金坂てるよさんの見込み客は、がま口作家さんでしたね。そして、そのがま口作家さんがイベントやネットの販売で何に悩んでいるのかを考えたうえで、そのお悩み解決の講座を開催していました。
　私はハンドメイド作家やハンドメイド講師向けのお教室を開催していますが、作家や講師たちが今どんな悩みを抱えているのかを考えて、講座の内容を作っています。悩んでいる人が多ければ多いほど、解決策となる講座のことを「知りたい」「学びたい」と興味を持ってくれるからです。

やみくもにSNSを更新するだけではダメ

多くの人はブログやインスタグラム、Facebook、Twitter、YouTube、LINEなど、さまざまなSNSを使って集客をしているでしょう。私が最初に始めたのも、Twitterとブログを連動させることでした。

その当時は「ハンドメイド作家さん向けのブランディング講座」に集客していたので、ハンドメイド作家さんが興味を持ちそうな「値段のつけ方」や「委託販売の手数料」についてブログを書いていました。そして、その記事のタイトルや概要をTwitterに投稿し、リンク先のブログに飛んできてもらうという流れです。ブログさえ書けばうまくいくと信じていました。

しかし残念ながら、ブログやTwitter、インスタグラムだけに依存する方法では長く続けられるお教室にはならないのです。大事なのは「直接、個別にご案内ができる状況を作る」ことです。

SNSの２つのタイプを理解しよう

はじめに、SNSには２つのタイプがあることをお話ししておきます。

❶ プル型（PULL＝引く）
• お客様自らがSNSを開いて好きなときに情報を取りにいける
• ブログ、Twitter、YouTube、インスタグラムなど
❷ プッシュ型（PUSH＝押す）
• お客様の意思に関わらず情報を届けられる
• LINE、メルマガなど

前ページでお話しした私の集客方法は、Twitterからブログに来てもらうまでの導線は良かったかもしれません。でも「売れるハンドメイド作家になりたい」と思っている人が、私のTwitterからブログのリンクをクリックして記事を読んでくれたとしても、「あ～いいこと書いてあったなぁ」とそのままブログをそっと閉じてしまうでしょう。せっかくの見込み客を、手ブラで帰らせてしまっていたことになります。

親しくなりたい人ともう一歩近づくために

この場合、私には解決できる読者のお悩み解決策を持っているので、もう一歩距離を縮めておきたいですよね。そこで見込み客に直接案内が送れる、メールマガジンやLINEに登録してもらうのです。

すると、見込み客がブログやTwitterを開いていないときにでも、直接情報や講座案内を届けられるようになります。この、直接情報を届けられる見込み客を増やすことがとても大事なのです。

正しいSNS集客の流れ

プル型　から　プッシュ型　へ誘導する

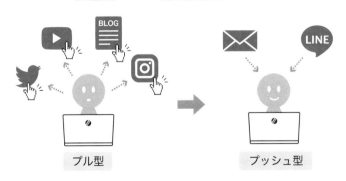

プル型　　　　プッシュ型

ブログやインスタグラムだけで売上をあげようとすることは、ザルに水を貯めようとしているようなもの。まずは、興味を持ってくれた見込み客に直接連絡が取れるよう、メールマガジンやLINEに登録してもらいましょう。

　お教室の売り上げは、フォロワーさんの数ではなく、メールマガジンやLINEのリスト数（＝見込み客の数）に直結します。

LINEに登録してもらうための
プレゼントを用意しよう！

　私がSNS集客でしっかりと売上を伸ばせるようになったのは、P60でお話しした、「プッシュ型」ツール、つまりメールマガジンへの登録をしてもらうようになったことが大きく影響しています。

　ブログをただ更新するのではなく、記事の最後に「メール講座『売れるハンドメイド作家になるための10のヒント』を、無料でプレゼントしています」という案内をしたのです。

　それまではTwitterに何回投稿する、ブログを何記事書くということしか頭になかったのですが、どれくらいの人がメールマガジンに登録してくれたのかをチェックできるようになり、ブログ記事を書くのがとても楽しくなったのを覚えています。

Point!

> ブログや Twitter、インスタグラムなどの
> 「プル型」ツールだけ で完結するのではなく、
> 自分の見込み客リストを作っていくために、
> LINE やメルマガ（プッシュ型ツール）に登録してくれた人への
> プレゼントを用意しましょう。

「本当に興味がある人」に集まってもらわないと意味がない

　大事なのはあくまでも、あなたの見込み客を集めるということです。あなたのお教室のジャンルに興味がない人を集めても、受講生さんになってくれる可能性は低いですよね。

　あなたのお教室のジャンルに興味を持っている人を集めるということを意識しながら、プレゼントを考えてみましょう。お悩み解決のヒントとなることや、もしくは「やってみたい」「作ってみたい」と思う人を集めるための型紙や作り方の動画など、実用的なプレゼントをするのが効果的です。

プレゼントの例

ATELIER COFFRET
腕時計作家・講師　石川晶子さん

運気アップカルトナージュ LuxeTime
カルトナージュ講師　福木文咲恵さん

　この方法で集めた見込み客は、ブログの読者やインスタグラムのフォロワーなどよりも関係性の濃いお客様であるといえます。

　このお客様に対して、「今度こういうキットを販売します」「今、オンライン講座を準備しています」と配信することで、オンライン講座の販売に繋げられるようになるのです。

稼げるお教室にするための「1講座」の考え方

1つの講座で収益を上げるためには？

　ここまで、「自分が作りたい講座をどうやって作るか」「どうやってその講座にお客様を集めるか」というお話をしてきました。　P39で「お教室運営はサイクリングと一緒」という例えをした通り、あなたがはじめに用意する講座は1つだけで大丈夫です。まずは「今ニーズのあるもの」もしくは「あなたのLINEに集まってきている人たちが好きなもの」で、講座を1つ用意しましょう。

　ただし、稼げるお教室を運営するためには、この「1講座」をしっかりと収益が上がるものにしなければなりません。

収益が上がるカリキュラムパターン

　3,000円ぐらいの講座に毎月集客するタイプのお教室をよく見ますが、これではいつまで経っても収益が安定しません。しっかりと収益の出る講座にするためには、3〜6回くらいで完結するカリキュラムを作り、その1講座の販売スキルを上げていくことが必要です。

期間を設定することがポイント

　私が作ったのは、ハンドメイド作家さん向けのブランディング講座です。「どういうブランド作りをしていくのか」「売上を上げていくための値段のつけ方」「商品構成の作り方」などを直接アドバイスしながら、半年間でブランド力を高めていくという内容でした。

　この、半年間で完結する講座を作ったことで、毎月新しい講座を考えたり集客しなくてもよくなりました。また半年の間、同じ生徒さんたちと向き合ったことで、成果もきちんと出始めたのです。

Point!

× 　単発講座を毎月いくつも作って、そのひとつひとつに集客する

◎ 　数ヶ月単位で修了するような長期間の講座を1つ作り、そこに人を集めることに集中する

ゴール設定を提示してあげることが大事！

　ハンドメイドの講座でも一緒です。まずは3〜6回ぐらいで完結できる講座を作ります。その際には、「この講座を受講するとどうなれるのか」というゴール設定が重要です。特にハンドメイドの場合、かわいいもの、素敵なものが作れるようになることが絶対条件。そのため、カリキュラムとしてどのような作品を作れるのかが、講座のヒットの鍵となります。

　ここでは、作り方の技法は1つでも、内容と作品の魅力で大ヒッ

トしている講座の実例をご紹介します。

作り方が1パターンでも5ヶ月講座は作れる！
はちどり　布ぞうり作家　小川裕子さん

収益を安定させるには…？

　3,000円の単発ワークショップを開催しても、なかなか集客に繋がらなかった小川裕子さん。申し込みがあってもインフルエンザの流行や大雪などで講座がキャンセルになることも多く、収益が安定しないことが悩みでした。

布ぞうりの作り方の特徴を活かして

　そこで裕子さんが開催したのは、5ヶ月完結の「布ぞうりの作り方」のオンライン教室でした。

　実は、布ぞうりの作り方は1パターンしかありません。難易度も、小学校低学年の子どもでも作れるくらいのもので、比較的簡単な部類です。

　そんな裕子さんが作った「1講座」は、布ぞうりの基本の作り方だけでなく、きれいに仕上げる様々なコツも習得できるものでした。きれいに仕上げられるコツを段階的に教えることで、5ヶ月間の連続講座が成り立っています。

作品ラインナップの工夫も功を奏した

　また各回で作れる作品は、どれもテンションが上がるかわいい課題作品ばかり。全部作りたいと思ってもらえる課題を惜しみなく用意したことで、人気のオンライン教室として成長しています。

稼げるお教室の
２段階の構成を理解しよう

「１講座」に集客するための流れ

　ここまでで、稼げるお教室にするための「１講座」作り方が分かりましたね。

> **Q** でもマツド先生！
> 　１回3,000円の講座にも上手く集客できない私が、
> 　その何倍もの値段のする長期間の講座に
> 　集客なんてできるでしょうか？

　今、そんな心の声が聞こえてきました。私自身も、１回１万円の講座にだって集客するのが大変だったのに、誰が買ってくれるのだろうかと不安に思っていたので、その気持ちはよくわかります。

　実は、稼げるお教室は２段階の構成からできています。このしくみをきちんと理解すれば、決して不可能なことではありません。

　一旦、ここまでの内容を振り返ってみましょう。

まずブログやインスタグラムで、あなたの講座に興味を持ちそうな見込み客を集めます。せっかくブログやインスタグラムにたどり着いてくれたのですから、プレゼントをお渡ししてメールマガジンやLINEで繋がりましょう。

そのあと、見込み客と一緒に何かを作ってみましょう。これは、いわばあなたの講座の「お試し」です。一緒に作って、楽しさやできあがったときの達成感を味わってもらったり、講座を通してあなたのことを知ってもらえたら、そのあとに3〜6回ほどで完結するカリキュラムの「収益性の高い講座」をご案内するという流れです。

「1講座」に集客するための流れ

❶ 興味を持っている人を集める
❷ その人に「お試し」で一緒に何かを作る
❸ 興味を持ってもらったら「収益性の高い1講座」を案内する

「稼げるお教室」には2段階の構成が必要!

この、「お試し」を「フロントエンド」、そのあとに案内する「収益性の高い1講座」を「バックエンド」と呼びます。

- お試しとなる講座＝フロントエンド
- 収益性の高い1講座＝バックエンド

私がお教室運営で失敗したのは、いろいろな1回1万円の講座を毎月作って集客していたことが原因でした。これは、今考えれば毎月毎月「お試し」となる講座（フロントエンド）を開催していたことになります。

　しかし、本来は収益を上げるための「収益性の高い講座」（バックエンド）が必要で、これがなければ稼げるお教室にはならないのです。

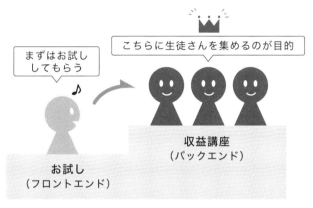

やってはいけないのが、お試しとなる講座を作ってから収益講座の内容を考えることです。まず主体となる収益講座を作ってから、その講座に興味を持ちそうな人を集めるためのお試し用の講座を作らなければいけません。「収益講座ありき」で考えてください。

Point!

お客様に参加してもらうのは、バックエンドの講座です。
バックエンド講座の良さを体感してもらうために
まずは「お試し」してもらいましょう。

お試しとなる講座（フロントエンド）への誘導

どうやったら「お試し」してもらえる？

　さて、ここで質問です。お友達から、ある人を紹介されたとします。初めて会ったその人が、いきなり「こんにちはー！」と元気にハグしてきたら、あなたはどう思いますか？　「この人、大丈夫かしら？」とちょっと引いてしまうかもしれませんね。

　でも、何度か一緒にご飯を食べたり、お出かけするような仲になってからのハグの挨拶だったらどうでしょうか？　関係性ができているので、今度は嬉しく思えるかもしれません。

お客様はいきなり高額な収益講座には参加してくれない！

　講座を案内するときも同じです。お客様はいきなり収益講座を購入してはくれません。初めて出会った人にいきなり高額な収益講座を勧められたら、ちょっと嫌な気持ちになりませんか？

　それに対して、「お試し」で一緒に何かを作り「できた！」と嬉しくなったときに、「もっと素敵なものが作れるようになる講座がありますよ」と案内されたらどうでしょう？　「前向きに検討してみようかな」と思えるのではないでしょうか。

「お試し」の重要な役割

　つまり、収益講座が売れないのは「いきなりお客様に抱きつこうとしている」＝「いきなり収益講座を受講してもらおうとしている」から。喜んで収益講座に参加してもらうには、「お試し」できちんと関係性を築き、「楽しい」「自信につながった」と思ってもらってから、収益講座へ誘導することが重要です。

Point!

お試ししてもらったら、本当に興味を持ってくれた人だけに
バックエンドの案内をします。
お試ししてもらっても、
興味を持ってもらえなかったら案内は不要です。

「お試し講座」＝「化粧品のサンプル」と考えよう

　わかりやすい例が、化粧品や健康食品などの通信販売です。テレビやインターネットで「無料のサンプルを差し上げます」というCMを見たことがありませんか？　シワやシミ、体型など、自分が気にしていることに言及されると、つい無料サンプルを申し込んでみたくなりますよね。そして、そのサンプルで商品の良さを実感できたら、「買ってみよう」となります。

　お教室でも、この「お試し」は絶対必要です。まずは興味のある見込み客に「お試し」してもらう。そこで良さを実感してもらってから収益講座を案内する、という流れがきちんとできていれば、無理なく稼げるお教室として成長できます。

魅力的な収益講座 （バックエンド）の作り方

バックエンドの作りの考え方

さて、いよいよ収益講座（バックエンド）を作っていきますが、お客様の悩みや必要としているものがわかっていないと、講師の自己満足な講座になってしまいがちです。

ハンドメイド教室におけるNGなバックエンド

カルトナージュを例にお話ししましょう。カルトナージュをやったことがない人をターゲットに、初心者向けのバインダーから複雑な収納ボックスまで、全部で5作品の作り方を教える講座を提供するとします。ここで重要なのが、5作品全てがお客様の作りたいものであるラインナップにするということです。

なぜなら、お客様はいつでも「やめる言い訳」を探しているからです。ラインナップの5作品のうち、お客様にとって1つでも作りたくないもの、かわいくないものがあると、「この講座はやめておこう」となってしまいます。

毎回ワクワクして「全部を作りたい！」と思ってもらえるラインナップにすることで、お客様が喜んでくれる講座になるのです。

自由スタイルの講座をオススメしない理由

　サンプルのなかで作りたいものをどれを作ってもいい、いわゆる「自由スタイル」の講座は、確かに人気があります。受講生さんはとても喜んでくれるものの、講師は一人ひとりにキットを作るなど、事前の準備作業にとても手間がかかることがネックです。

　続けるうちに講師側の負担が大きすぎて「いつまでこれを続けるんだろう」「これ以上、収益が上がるんだろうか」という壁にぶつかってしまうことが多い傾向にあります。「私はこのスタイルでやっていける！」という自信がある人はいいのですが、そうでない人は我慢してまで続けられるでしょうか。

　自由スタイルではなく、受講生さんが「全部作りたい！」と思えるものをきちんと出してあげられれば、生徒さんもハッピーで、講師も準備の時間を取られずハッピーなお教室になります。

あなたのバックエンドを考えてみよう

　P75に、バックエンド作りのワークシートを載せています。これに沿って、あなたのお教室だったらどんな内容のバックエンドにしたいか、考えてみてください。これが決まると、自ずと「お試し」の内容も考えられるようになります。

　「稼げる講座」にするためには自分ができることではなく、相手に喜んでもらえることで講座を作る必要があります。そのため、過去に開催した講座を例にとって、その講座がなぜ人気だったのか、どういう人が参加してどうなったのかをまとめてみましょう。

　まだ講座を開催していない人、過去に思い当たる講座がない人は、こちらをチェックしてください。

魅力的なバックエンド作り

うさぎとねこ　ぬいぐるみ作家　高澤さち子さん

どちらをバックエンドにすべき？

　癒されるうさぎやねこのぬいぐるみを作るお教室を運営している、高澤さち子さん。彼女のインスタグラムにはかわいい作品がずらりと並び、どれもたくさんの「いいね」がついています。

　その中で特に「いいね」が多かったのが、次の両極端な2アイテムでした。

> ❶カンタンな技術で作れる、平面的なぬいぐるみ
> ❷難しい技術が必要な、立体的なぬいぐるみ

提供したいバックエンドから逆算してフロントエンドを作る

　インスタグラムでアンケートをとったところ、❶「平面的なぬいぐるみ」を作りたい人のほうが多かったのですが、さち子さんが開きたいバックエンドは❷「立体的なぬいぐるみが作れる講座」だったので、お試し講座も後者にすることにしました。

　その結果、難しくても❷を作りたいという熱意のある受講生さんに集まってもらうことができました。もし❶「カンタンな技術で作れる平面的なぬいぐるみ」のお試し講座を開催していたとしたら、それはそれで多くの集客ができたかもしれません。でも、そこで満足した人は、さち子さんが開きたかった、❷「難しい技術が必要な、立体的なぬいぐるみ」が作れるバックエンドには参加しない可能性が高いですよね。

　こういった理由からも、お試し講座はあくまでもバックエンドに繋げられる内容であることが必須なのです。

ちゃんと稼げるバックエンド作りのワークシート

1 あなたが過去に開催して人気だった講座はどのような
　ものでしたか？

_____

_____

_____

2 その講座が人気だったのはどうしてだと思いますか？

_____

_____

_____

3 どのような人が参加しましたか？（参加者さんのお悩み）

_____

_____

_____

4 受講生さんはあなたの講座に参加してどのように
　なれましたか？

_____

_____

_____

5 あなたが開催するバックエンドはどんな講座になりますか？

_____

_____

_____

「お試し」の講座の開催方法

オンラインで開催する流れ

　対面型のお教室が主流だったときは、会場を借りて講座を開催することが普通でした。では、オンラインではどのようにお試し講座を開催したらいいでしょうか？

　準備としては、おおよそこんな流れです。

オンラインでお試し講座を開催するときの準備と流れ

❶ インスタグラムなどで「いいね」がたくさんついた作品の制作キットを用意する（有料でOK）

❷ 制作キットの作り方動画を用意しておく

❸ インスタグラムやブログなどで制作キットのご案内をする。もしくはメルマガやLINEに登録してくれた人に制作キットを案内する（例：「人気の〇〇が作れるキットを販売します！」）

❹ 制作キット購入者に、動画が視聴できるURLを届ける

❺ 仕上がりの確認のため、Zoomなどでお披露目会を開催する

❻ このとき、ほかの制作キットや講座に興味を持ってくれた人に
収益講座（バックエンド）を案内する

Clubhouse（クラブハウス）が
「お試し」の代わりになることも

　2021年1月に日本に上陸し、一気に話題となった音声SNSアプリ「Clubhouse（クラブハウス）」。動画や配信ライブだと目が離せないのに対し、聴くだけでいいClubhouseは、たくさんの人に気軽に参加してもらえるメリットがあります。

平日の朝8時55分から9時45分まで開催している Clubhouse ルーム「日本一ハンドメイドの夢が叶う場所」のモデレーター

Clubhouseは、インスタグラムやTwitterと連携できる機能があります。それを利用することで、インスタグラムがほぼ手付かずだった私でも、2週間で500人近いフォロワーさんを集めることができました。それに関連して、インスタグラムのプロフィール欄に掲載しておいたLINEも、登録者が100人ほど増えていました。Clubhouseでお話を聞いてもらっているうちに、濃いファンができたのです。

大切なのは、悩みに寄り添う姿勢

インスタグラムやブログなど、どのような方法での集客でも、大事なのは興味を持っている人を集めることです。最初から「お金を稼ごう」という気持ちよりも、お悩みに真摯に向き合い寄り添うことが、結果的に見込み客の集客につながります。

Clubhouseでお試ししてもらい、3日間で100万円以上の売上をあげた、私の実例を紹介します。

悩み相談がきっかけの講座作り

Clubhouseを使った集客

私の運営している、「ハンドメイド作家さん向けのインスタブランディング塾」のパートナー講師である旗手愛さんとインスタグラムの相談ルームを立ち上げていくと、ハンドメイド作家さんがどのようなことに悩みを持っているのかが分かってきました。

そこで愛さんと、その悩みを解決するための講座を一緒に作ることになったのです。Clubhouseでハンドメイド作家さん向けに、インスタグラムブランディングについての質疑応答をしてい

く合間に、「◯日からこんな講座の募集をスタートします」という告知をしていきました。

準備と結果

　講座の募集スタートの日には、今までの振り返りをまとめたセミナーを用意し、ClubhouseからFacebookライブへ誘導。

　Facebookライブでセミナーを開催した最後に、講座の案内をしました。そこから3日間だけ参加者を募ったところ、100万円以上の売上を作ることができたのです。

Clubhouseのメリット

　Clubhouseを活用したことで、見込み客のお悩みがダイレクトに分かったことは大きなメリットでした。そのお悩みに対して答えていくなかで、視聴者さんとの間に信頼関係が生まれます。

　その人たちを収益講座に誘導したことで、結果的にClubhouseがお試しの代わりになりました。

全ては導線作り

　お試し講座からバックエンドへ誘導するためには、トレンドのツールを上手に組み合わせることが大切です。たとえばClubhouseで興味を持ってくれた人向けに、Twitterやインスタグラムのプロフィール欄に「LINEに登録するともらえるプレゼントの案内」を掲載しておくなど、必ずLINEに登録してもらう流れを作ります。

　いきなりバックエンドを売るためでなく、全てはメールマガジンやLINEに登録してもらうためという考え方で、お教室運営のスキルを磨いていきましょう。

13

魅力的なキャッチコピーを
つけよう

お試し講座もキャッチコピーが大事！

　「レジンアクセサリー講座」「ベレー帽講座」など、素敵なお試し講座を用意しても、なかなか受講生さんが集められないのには理由があります。

　それは、

- どのような人が
- 何をすることによって
- どのような結果が得られる講座なのか

がわからないからなのです。

　せっかく素敵な作品が作れる講座であれば、見込み客にしっかりと届けたいですよね。そのために重要なのが、魅力的なキャッチコピーです。

　過去に販売した私の講座の中に、「１分動画でかわいい集客」というものがあります。ここに書かれているようなことが、講座のキャッチコピーです。

❶どのような悩みを抱えている人か？

　キャッチコピーには、講師の人たちが実際にどのようなことで悩んでいるのかを書き出してみました。ここで注意したいのは、どんな悩みでもいいわけではないということ。

　そもそも、この講座を案内したいのは、動画を使った集客をオス

スメしたい講師です。では、「そんな講師はどういう悩みを持っているか?」という視点で考えてみてください。

❷どうなりたい人向けか?

❸悩みを解決してどうなるか?

　動画を作る講座なのですが、中には顔を出すことに抵抗を感じる講師もいます。そこで、「顔出しは不要」ということと、スマホだけでも作れるので「WEBが苦手でもOK」ということを伝えています。

　また、実際に私の生徒さんが売ることに成功している価格帯の講座を伝えて、どうなれるのかを具体的に表しています。

❹メインコピー（講座の名前）

　ハンドメイド作家さんや講師さんが興味を持ちそうな名前をつけたかったことと、「集客」という単語だけだとビジネス感が強くなってしまうので、よく使う形容詞「かわいい」を入れてみました。
　またこれは動画を作る講座ですが、カンタンなイメージを出したくて、「１分」という言葉で短さを表しました。

　お試ししてもらう講座こそ、あなたの講座に本当に興味がある人に来てもらう必要があります。右ページのワークシートに沿い、バナーを作るなどして、SNSで告知していきましょう。

キャッチコピー作りのワークシート

1 どんな悩みを抱えている人向けですか？

2 どうなりたい人向けですか？

3 悩みを解決してどうなりますか？

4 メインコピー（講座の名前）

安くしないと、本当に生徒さんは来ないの？

◆ 値下げによる負のスパイラル

　「講座を安くすれば、たくさんの生徒さんが来るのではないか」と
と考え、負のスパイラルに陥ってしまうことがよくあります。最初
に3,000円で募集した講座に生徒さんが集まらないからと、2,000
円、さらに1,000円に値下げをする……それでもダメで、結局は講
座自体をやめてしまうというようなケースです。

◆ 稼げるしくみ作りで安売りを卒業しよう！

　厳しいことをいえば、講座を安くするだけでは、安いものを探し
ている生徒さんを頑張って集めているにすぎません。しかも、安い
講座を望んでいる生徒さんは、「何でも教えてくれる先生がいい」と
か「急にキャンセルしても許してもらえる」などと、ひたすらに先
生の優しさを期待します。

　一方で講師からしても、もっと高い講座を買ってほしいために、
生徒さんから質問をされても「この金額だからここまでしか教えな
い」と出し惜しみをしたくなったりします。これでは、お互いにと
っていいお教室運営はできません。

「お試し講座」と、ちゃんと稼げる「収益講座」を作って、きちん
と稼げるしくみを作っておけば、少ない生徒さんでも収益は上がっ
ていくのです。

CHAPTER

3

稼げる
オンライン教室の
作り方
実践編！

動画を作っていこう！

ここまでのおさらい

オンライン教室を開催する前の準備と流れ

☐ ❶ オンライン教室に向いた講座を1つ考える

⬇

☐ ❷ その講座をお試ししてもらうための
　　 レッスンを用意する

⬇

☐ ❸ 見込み客を集める

⬇

☐ ❹ お試しのレッスンを開催する

⬇

☐ ❺ ❶の講座を案内する

「動画を使ったオンライン教室」とは？

　講座の受講生さんに、道具や材料など必要なものを事前にお届けし、次に作り方やコツ、講師からのメッセージなどを動画にします。そして、そのコンテンツをメールやLINEで送ったり、専用の会員サイトに掲載して、受講生さんに講座を届ける形のお教室のことです。

でもマツド先生！
動画なんて作ったことがありません！
私にできるでしょうか……？

　人気YouTuberのように効果音やテロップ、編集がたくさん必要な動画を作るわけではありません。手元がちゃんと見えることを優先したものが作れたらいいので、一度コツを覚えると難しくありません。安心してください！

では実際に動画を作っていこう！

　先述した通り、オンライン教室の開催方法は１つではありません。あなたが無理なく使えるSNSツールを使って、開催していきましょう。

　この章では、労力や時間をカットして収益を上げることのできる、動画を使ったオンライン教室の作り方をご紹介します。

準備するもの

動画撮影に必要なもの

スマホや一眼レフカメラなど、動画撮影ができる機器

　スマホだけでも撮影は可能です。より画像をきれいに見せたかったり、色味などにこだわりたい場合は、一眼レフカメラを使用すると良いでしょう。

撮影用の三脚

　ハンドメイドなど、作っている手元を映したい場合には、手元を真上から撮影する必要があります。そのため、スマホ用、もしくはカメラ用の撮影スタンドや三脚が必須です。

　スマホ用の三脚を購入したい場合、「スマホ撮影スタンド」などのワードでインターネット検索してみてください。一眼レフなど、カメラ用の三脚は「俯瞰三脚（ふかんさんきゃく）」と検索してヒットするような商品がオススメです。

俯瞰三脚で手元を真上から撮影する様子

照明

　撮影する時間や季節によって、陽当たりはかなり変わってきます。明るく見やすい動画のために、照明は別途用意するのがベターです。

　もしくは、三脚を購入する際に照明付きのものを選んでも良いでしょう。

撮影場所

　手元だけを撮るなら、それほど大きいスペースは必要ありません。ただ、なるべく陽が差し込む明るい場所で撮影しましょう。

　また本人が顔を出してお話しする動画では、背景は白がオススメです。画面と顔が明るい印象になります。

動画編集に必要なもの

パソコンまたはスマートフォン

　スマホで撮影したものを、そのままスマホで編集することも可能です。しかし、小さな画面上で細かな修正をするのが苦手なら、パソコンを使うことをおすすめします。

編集用のアプリ（商用利用可能なもの）

　有料でオンライン教室を開催する際は、商用利用可能なアプリかどうかの確認が必要です。商用利用可能なアプリは、有料のもの、もしくはアップグレードすることで商用利用できるようになるものが多いです。オススメは、商用ライセンス付きのFilmora（フィモーラ）。かわいい素材も多く、感覚的に使えるところが魅力です。

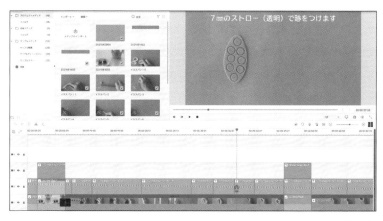

https://filmora.wondershare.jp/

Petit Amie mamie
ミニチュア粘土講師＆カメラマン　相子麻美さん

動画の構成

必要な３つの要素

オンライン教室の動画には、次の３つの要素が必要不可欠です。

> ❶ 基本の案内
> ❷ 基礎作業の動画（導入）
> ❸ 作り方動画（メイン）

一つずつ確認していきましょう。

❶基本の案内

❶講師の自己紹介と挨拶

この動画はオリエンテーションを兼ねているので、講師が顔を出して説明することをおすすめします。

顔を出してお話しするのが苦手なら、自己紹介だけ顔を出して挨拶し、そのあとはあらかじめ用意しておいたパワーポイントなどの

資料を見せながら講座についてお話ししても良いでしょう。

②講座の概要

　この講座はどのような講座なのか、何を学ぶことができ（作ることができ）、最終的に何を習得できるのかについて、講座の全体像をお伝えします。

③学びの流れ

　1ヶ月ごとに何を学び、何が作れるようになるのか、またわからないことがあった場合にはどのタイミングでどうやって質問をしていくのかなど、サポート部分についてもお伝えしましょう。

④準備するもの

　事前の準備、もしくは準備しておく道具などが必要な場合には、それを案内する動画を用意しましょう。

❷基礎作業の動画（導入）

....

　基本的な作業は、何度も説明する必要はありません。あらかじめ
基礎作業の動画を準備しておきましょう。

【 例 】
- ●粘土の講座なら粘土のコネ方
- ●編み物講座なら編み方の基本　など

❸作り方動画（メイン）

....

　作り方の手順がわかる動画です。何をどの順番で進めていくの
か、実際に手を動かしながら紹介をしていきましょう。
　最近は、短い動画が好まれる傾向にあります。次のような工夫を
凝らすと、生徒さんが見やすく分かりやすい動画になります。

【 例 】
- ●同じ動作が続く場合には早回し、もしくは間をカットする
- ●長い工程は分けて、１本の動画を３〜10分程度のものにする

動画の構成マップを作ってみよう！

　動画を分かりやすくするため、メインの作り方動画を撮る前に「動画の構成マップ」を作ってみましょう。動画の構成マップとは、1つの作品を作るときの流れを書き出し、どんな動画が必要なのかを把握するためのものです。

　テレビの料理番組の流れを想像してみてください。

- まず、今日は何を作るのかを伝えます
- そのあと、材料や道具を紹介します
- 料理を作っていきます
- 材料を洗います
- 材料を切ります
- 材料を調理します（同じ作業が続く場合は、最初と最後だけ見せて、途中部分はカットされています）
- 各所でポイントなども伝えます

　オンライン講座の動画も、考え方は同じです。

　まずは何を作るのかを明確にし、材料や道具の説明をします。そして実際に作り始めますが、料理と同じようにハンドメイドにも手順がありますよね。その工程を1つずつ動画にしていけばいいのです。
　右ページに沿って、1作品を作る際の流れを書き出し、どんな動画が必要なのかを把握しておきましょう。

動画の構成マップ

手順	➡	必要な動画
	➡	
	➡	
	➡	

作り方動画（メイン）の例

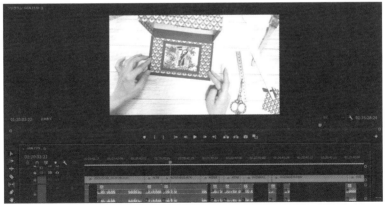

cartonnage studio 布とハコと
カルトナージュ講師・作家　谷本真由美さん

動画撮影について

顔出し撮影をする際の注意点

　「顔を出して話すのが苦手なので、できれば顔を出さずにオンラン教室を運営したい」という相談をよく受けます。モノ作りの講座なら、手元をしっかり見せれば目的を達成できるので、顔出しは必須ではありません。

　ただやはり受講生さんにしてみれば、先生の雰囲気は気になるものです。できたら挨拶は顔出しでして、あとは全部動画で手元を見せる形でもいいでしょう。

印象を良くするポイント

　先生の顔が見えると、受講生さんは安心できます。なるべく笑顔でお話ししましょう。

　次のポイントを意識しながらお話ししてみてください。

- なるべく笑顔を保って話す
- いつもよりも声のトーンを高くする
- 意識して語尾まではっきり伝えきる

また、服装や髪型の乱れなどにも気を配りましょう。動画を撮影中は髪の毛を触ったり、口を手で覆ったりするなどの行為は避けましょう。

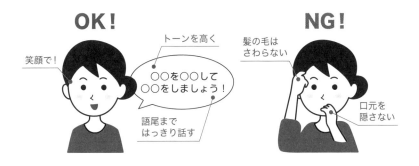

撮影のポイント

明るさ

なるべく自然光が入る、明るい場所で撮影しましょう。部屋の位置や光の入り方によって、手元に影が入ってしまうことがあります。見づらくならないよう、安定した光を意識して撮影しましょう。

画角について

撮影しているうちに、見せたい箇所がフレームアウトしてしまうことがよくあります。カメラを覗きながら、手の動きがきちんと見えるように注意しましょう。

しっかり見せたいところはゆっくりと、もしくは一旦動きを止めて3秒ほどそのままにしてから先に進めるなどして、動きにも差を

つけると、なお分かりやすい動画になります。

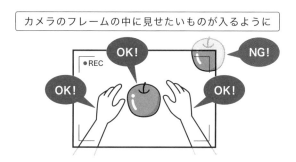

失敗したときは

　動きを間違えたり失敗したときは一旦動きを止め、もう一度同じ動作をやり直してみてください。編集するときに失敗した箇所だけカットできるので、間違えてもそのまま2秒ぐらい動きを止めてから、同じ動きをスタートさせましょう。

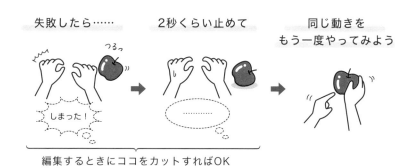

喋りながら撮れないときは

　説明しながら手を動かすのは大変なので、まずは手を動かす流れ

だけを撮影し、説明はアフレコ（音声をあとから別撮りすること）で入れると、スピーディに撮影できます。

スマホで動画撮影する場合の注意点

　容量は、1分弱の動画で470MBほどになります。編集の程度や解像度によっても違いますが、容量には余裕を持っておいてください。

　容量が足りない場合、動画が撮影できなくなったり、動画の編集がスムーズにできなくなることがあります。不要な写真や動画、アプリを削除するか、USBやSDカードなどの外付けメモリーを活用して、容量不足を解消しておきましょう。

動画編集について

編集の注意ポイント

カット

　同じ動作が繰り返されるときは、最初と最後の動きだけをきちんと見せて、間の動きは早回しするかカットしたりしても大丈夫です。コツやポイントは、なるべくゆっくりとお伝えしましょう。

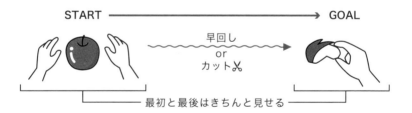

音声

　あとからアフレコで説明を入れる場合、声が小さすぎたり大きすぎたりしないよう、一度テストをしてみましょう。

　日頃の話し方の癖で、語尾が小さくなってしまうことがよくあり

ます。「最後なんて言っていたの？」と疑問を抱かせないように、声は少しハイトーンで、最後まではっきりとお話ししましょう。

テロップ

　手を動かしているときに同時にテロップが流れると、手元を見るか、テロップを読むかでストレスを感じることがあります。また文字が順に出てくるようなエフェクトを使うこともありますが、これも文字を追いかけると手の動きが見えなくなります。

　テロップを出すときには必ず同じ位置で、ちゃんと読める長さかを意識して入れましょう。

NG！

ここで○○を△△します。
××は□□してください。

✕ 手の動作が続いている時に
　 テロップを出さない
✕ 長い文章は避ける

OK！

ここで○○を△△します。

○ 動作が始まる前か、終わったあと
　 手元を止めた時にテロップを出す
○ 一度に読みやすい長さにする

BGM

　BGMは入れても入れなくてもどちらでも構いません。入れるならば、音量は控えめにしましょう。

　編集アプリ内で、無料で提供されているBGMを使うこともありますよね。ただ、そのアプリ内では著作権がフリーでも、外部のサービスで配信する場合は著作権の問題から使えないこともあるので、

よく注意してください。

　著作権フリーの音源を提供しているサービスも複数あります。サービスによって、また提供している人によって様々な条件があります。利用規約をよく読んだうえで、音源を使いましょう。

メインの作り方動画の見せ方

　講座の動画は基本的にはあなたが講師なので、毎回、挨拶と自己紹介を入れる必要はありません。これが何の動画なのかの説明と、本題だけ伝えられれば大丈夫です。

❶ 静止画で講座のタイトルを用意する（「Canva」などの画像作成アプリを使うと便利）
❷ タイトルを読み上げ、何を作る動画なのかを伝える
❸ 動画の最後はポイントを伝えて終了

講座タイトル画像例

講座の魅力を伝える
キャッチコピー作り

THE DREAM
マツドアケミ

動画制作のチェックポイント表

準備するもの	撮影	☐ 撮影機器	☐ 照明
		☐ 撮影用三脚	☐ 撮影場所
	編集	☐ パソコン or スマホ	☐ 編集アプリ

動画構成

- ☐ ❶ 基本の案内
- ☐ ❷ 基礎作業の動画（導入）
- ☐ ❸ 作り方動画（メイン）

そろって
いますか？

撮影のポイント

- ☐ 明るさは十分ですか？
- ☐ カメラのフレームに収まっていますか？
- ☐ 笑顔で、声のトーン高めに、はっきり喋れていますか？
- ☐ 撮影機器の容量はありますか？

編集のポイント

- ☐ 見やすいカットになっていますか？
- ☐ アフレコ音声は明瞭ですか？
- ☐ テロップは読みやすく、手の動作とかぶっていませんか？
- ☐ BGM の著作権は確認しましたか？
- ☐ 講座タイトル画面は入っていますか？

SECTION

6

販売の前に準備するもの

Zoomなどでお試し講座を開催した直後、その先の収益講座に興味があるという人にだけ、あなたのオンライン教室を案内します。

では、どのように案内したらいいでしょうか？　まずは次の4つを用意しましょう。

> ❶ 詳細資料（または詳細のわかるサイト）
> ❷ 申し込みフォーム
> ❸ 支払いを受ける場所（銀行口座・各種決済サービス）
> ❹ キャンセルポリシー・特定商取引法に基づく表記・プライバシーポリシーなどの表記

❶詳細資料（または詳細のわかるサイト）

あなたのバックエンドを提案するために、必要な資料です。

> ・講座の目的
> ・何を作るか
> ・最終的に何が得られるのか

これらをわかりやすく説明するために、文章と写真を使ってまとめていきます。得意であればパワーポイントやワード、エクセルなどでまとめてみましょう。

また資料ではなく、詳細のわかるサイトでもいいでしょう。ペライチやWix、Jimdoなど、ブログのようにカンタンにホームページが作成できるサービスも活用できます。

- ペライチ　　 https://peraichi.com/
- Wix　　　　https://wixi.com/
- Jimdo　　　https://www.jimdo.com/jp/

内容について、詳しくは次のセクションでお話しします。

❷申し込みフォーム

お客様が講座の受講を決断し、お申し込みをしてもらう際に使います。詳しくはP117でお話ししています。

❸支払いを受ける場所
　（銀行口座・各種決済サービス）

お申し込みと同時に、お支払いをしてもらうために必要です。できれば個人ではなく、お教室専用の銀行口座を持っておきましょう。

また、最近ではオンライン決済も一般的になっているので、対応

した各種決済サービスも用意しておくと親切です。

❶で紹介しているホームページ作成サービスにも、オンラインで決済ができる機能がついています。サイトで講座を紹介し、そのままオンラインで決済してもらうことも可能です。

❹キャンセルポリシー・特定商取引法に基づく表記・プライバシーポリシーなどの表記

キャンセルポリシー

受講生さんが何らかの理由で、講座が始まる前もしくは講座が進行している途中でキャンセルする場合、どのようになるのかについて事前にお伝えするものです。

返金の対応について、またどの部分が返金の対象になるのかなどは最初に考えておいてください。

なお、このキャンセルポリシーは必ず受講前に読んでもらい、納得いただいたうえで参加してもらうように伝えましょう。

特定商取引法に基づく表記

インターネット上で作品を販売したことのある人はご存知かと思いますが、「特定商取引法に基づく表記」は、オンライン講座の販売においても掲載する必要があります。

具体的には、販売者に関する情報と、販売する商品（サービス）に関する情報です。

プライバシーポリシー

　お申し込みの際には受講生さんの名前や住所、電話番号などの個人情報を得ることになるため、その個人情報をどのように管理するかを書いておきます。

　これらの表記については、書くことでお教室側が守られ、受講生さんからも信頼を得られます。
　必ずウェブサイトに用意し、講座を販売する際にはリンクを貼っておいて、購入を検討している受講生さんに確認してもらいましょう。

7

詳細資料の内容

詳細資料もしくはウェブサイトに記載する事項

　講座の詳細資料、もしくはウェブサイトに以下の内容を記載し、講座に興味がある人だけに説明をします。Zoomで画面を共有して詳細が書かれたものを開き、1つずつ説明すると丁寧です。

❶ 講座の名称

❷ 講座の概要

❸ 受講生さんの声

❹ 講座の開催時期と期間

❺ 講座の詳細

❻ 講座の代金に含まれているもの（材料や道具など）

❼ 受講生さんに準備してもらうもの

❽ サポート方法

❾ 特典

❿ 金額

⓫ お支払い方法

⓬ Q&A

⓭ 講座受講の流れ

⓮ あなたの思い

❶講座の名称

何の講座なのか、講座の名称を決めましょう。あなたのお教室の屋号があれば、「その屋号」+「何を習得する講座か」+「オンライン講座」とするだけでも大丈夫です。

【 例 】

ブルーミング + フェイクスイーツ基礎 + オンライン講座

屋号　　　　　何を習得する講座か

❷講座の概要

この講座のコンセプトをまとめましょう。また、どういう悩みを持った人が、何を習得することで、悩みを解決してどうなれる講座なのかを伝えます。

ここで大事なのは、どんな悩みを解決できて、どんな未来が手に入れられるのかを表現することです。

【 例 】

フェイクスイーツ作りの初心者さんが自信を持って販売できるようになるフェイクスイーツ作りのコツを習得し、ハンドメイドイベント出展デビューを目指すための講座です。

❸受講生さんの声

　この講座に参加したことがある受講生さんが既にいる場合は、どのような悩みを持った人がどんな風に変化したのか、ビフォーアフターの紹介をしてみましょう。

【 例 】

　ほかのフェイクスイーツ作家との差別化ができず、オリジナル作りに悩んでいましたが、この講座を受講することで、リアルさを追求し本物感が表現できるフェイクスイーツが作れるようになり、販売単価を上げても売れるようになりました。

❹講座の開催時期と期間

　講座がスタートするのがいつなのか、またそこから何ヶ月間の講座なのかを明確にします。

❺講座の詳細

　どのような作品が作れるようになるのか、一つずつ丁寧に説明します。
　このときに必要なのが、写真です。「それ作りたい！」「かわいい！」を意識した写真が、お客様の心のスイッチを押してくれます。逆に残念な写真だと魅力が半減するため、成約率も低くなってしまいます。

【例】

Petit Amie mamie
ミニチュア粘土講師&カメラマン　相子麻美さん

❻講座の代金に含まれているもの（材料や道具など）

　あなたが受講生さんにお届けする材料や道具についてお伝えします。

　オンライン講座のいいところは、あれこれ自分で準備をしなくても全部揃っていること。必要なものはできるだけ、講座の代金に含ませてお届けしましょう。

❼受講生さんに準備してもらうもの

どこでも手に入るもの、例えばハサミやのりなどの文房具、または ミシンなど受講生さんが既に持っていそうなものは、送らなくて 大丈夫です。

❽サポート方法

動画を視聴する以外に、どのようなサポートがあるのかをお伝え します。「LINEで回数無制限で質問ができる」「Facebookの受講生さ ん限定のグループで質疑応答ができる」など、回数や使用ツールに ついても明確にします。

❾特典

講座に関係するもので、あったら嬉しいと思ってもらえるもの を、特典としてプレゼントしましょう。おまけがついていると喜ば れます。

【 例 】
- ●本物そっくり！フェイクスイーツの色づけサンプルプレゼント
- ●「インスタグラムのフォロワーさんの増やし方」プチ講座プレ ゼント　など

❿金額

基本価格と、もし「当日の限定価格」や「３日間の限定価格」な

どがある場合には、それをお伝えします。

　心理トリガーのひとつに「限定性」というものがあります。「○日限定」「何名様限定」など「限定」を強調することで、お客様の心のスイッチが押されます。

⓫ お支払い方法

　お支払い方法は複数用意しましょう。

　たとえば、銀行振込やBASE（ネットショップが作成できるサービス）など、お客様が日頃使い慣れている方法があると、購入への心のハードルが低くなります。

　また分割払いも用意できると、選択肢が増えるので成約につながりやすくなります。ただし、分割払いを設定する際はなるべく講座の受講期間内に支払いが完了できるように設定しましょう。

　またお支払い方法については、お申し込みからいつまでに入金してほしいのかを必ず伝えましょう。

【 例 】

　お支払いはお申し込み日を含む３日以内にお願いします。

　それ以降になると自動でキャンセル扱いとさせていただく場合もあります。

⓬ Q&A

　よくされる質問には、あらかじめ答えておきましょう。「習った技術をそのまま第三者に教えていいか」「習った作品を販売していいか」など、お客様との事実相違がないように、大切な点をQ&Aの形

にしてお伝えします。

⓭ 講座受講の流れ

　講座のお支払い以降、どのような流れで講座が受講できるのかを紹介します。

　こちらは次のセクションで詳しくお話ししますね。

⓮ あなたの思い

　最後にあなたがなぜこのオンライン教室を開講したのか、どんな未来を作りたくてお教室を運営しているのか、あなたの思いを伝えます。最後にあなたの思いを伝えることで、あなたに共感してくれる受講生さんが集まってきます。

気持ちよく参加してもらうために

　講座の説明において大事なのは、受講生さんの知りたいことを全部伝えておくということです。何か一つでもわからないことがあると「わからないから今回は参加するのをやめた」という人も出てきてしまいます。

　せっかく「お試し」してレッスンの楽しさを知ってもらったのですから、最後は講座の内容をしっかりとお伝えして、気持ちよく講座に参加してもらいましょう。

講座内容チェックポイント表

☐ ❶ **講座の名称**
どういう講座か分かりやすい名称になっていますか？

☐ ❷ **講座の概要**
受講生さんの悩みを解決できる内容になっていますか？

☐ ❸ **受講生さんの声**
受講前後でどんな良い変化があったか伝えられていますか？

☐ ❹ **講座の開催時期と期間**
いつからいつまでの講座なのか、明記してありますか？

☐ ❺ **講座の詳細**
どんな作品が作れるようになるか、魅力的に紹介できていますか？

☐ ❻ **講座の代金に含まれているもの**
材料や道具など、必要なものを用意してあげていますか？

☐ ❼ **受講生さんに準備してもらうもの**
文房具やミシンなどは各自用意するようご案内できていますか？

☐ ❽ **サポート方法**
サポートの詳細や範囲を明記してありますか？

☐ ❾ **特典**
受講生さんが喜びそうなプレゼントを用意していますか？

☐ ❿ **金額**
基本価格、もしくは限定価格などを明記してありますか？

☐ ⓫ **お支払い方法**
お支払い方法を複数用意していますか？また入金期日を明記してありますか？

☐ ⓬ **Q&A**
よくある質問にはあらかじめ答えてありますか？

☐ ⓭ **講座受講の流れ**
支払い後、どんな流れで講座を受講できるか明記してありますか？

☐ ⓮ **あなたの思い**
受講生さんに向けて、思いを伝えられていますか？

販売の流れ

申し込みフォームはどうやって作る？

　講座詳細の資料と同時に、お申し込みができるあなたへの講座の入り口を用意しましょう。

講座への入り口

　入り口は、次のように申し込みしてくれた人と直接やりとりができるツールであれば、基本的になんでもOKです。

- インスタグラムやTwitterのDM
- メール
- LINE

　ただ、事前にあなたが知っておくべき情報も記入してもらいたいので、あらかじめお申し込みフォームを作っておくと便利です。

　お申し込みフォームは「Googleフォーム」や「フォームメーラー」などの無料のツールを使ってもいいですし、メールマガジン配信スタンドなどで簡単にフォームが作れるサービスもあったりします。

申し込みフォームに書いてもらう情報

❶ お名前（ふりがな）
❷ メールアドレス（もしくはLINEアカウント）
❸ 電話番号
❹ 住所（郵便番号から）
❺ 受講するコース（選べるコースが複数ある場合）

　申し込み時には、**必要最低限の情報記入で済むように**意識してください。あれこれ記入が必要だと、「面倒だな……。あとでやればいいや」という気持ちになり、そのまま忘れられてしまうことがあります。

　フォームから申し込みが入ったら、支払いに関する案内を送りましょう。

購入への誘導

　さて、いよいよお客様が講座の購入を決めたら、スムーズに購入へと導くことが大切です。購入の流れがわかりにくいと、お客様のモチベーションはどんどん下がってしまいます。それを避けるためにも、「お申し込みから講座修了までの流れ」をわかりやすく案内することがポイントです。

　例として、「LINEで申し込む」「6ヶ月で4作品作る」講座の流れについて、次ページからのチャートに沿って説明します。あなたの講座に置き換えて考えてみてください。

お申込みから終了までの流れ例

① 「今すぐ申込む」の
ボタンを押す

▼

② 登録フォームに必要事項
を入力して購入する

▼

③ ご注文詳細のメールが届く

▼

④ お支払い

▼

⑤ ご入金確認後、
入金確認メールが届く

▼

○月○日から順次、
道具と材料セットが届く

▼

○月○日から順次、
動画 URL がメールで届く

▼

動画視聴＆作成

▼

作品を撮って
公式 LINE へ投稿

▼

⑥ アドバイスが
LINE に投稿される

▼

アドバイスを参考にして、
2作品目を作る

▼

アドバイスが
LINE に投稿される

▼

6ヶ月間、
4作品を作って投稿

▼

修　了

▼

修了証をお届けします

▼

お申込みはこちら

❶「今すぐ申込む」のボタンを押す

どれが申し込みボタンなのか、すぐにわかる目立つデザインにします。

❷登録フォームに必要事項を入力して購入する

お名前、ふりがな、メールアドレス、受講料を何で支払うのか（銀行振り込み一括、BASEなど）を記入してもらいます。

メールアドレスのなかには届きにくいものがあるので（docomo、auなどキャリア系のドメイン、迷惑メールに振り分けられるなど）、届かなかった場合の対処法も書いておきましょう。

❸ご注文詳細のメールが届く

事前に、購入者用に発信するお礼メールを用意しておきます。

このメールには、支払い方法を明確に記載しておきます。支払い方法は複数用意し、分割にも対応してあげると親切です。その場合は、1ヶ月分がいくらになるか明示してあげると、より丁寧です。

また、どの講座がいつスタートするのかを明示し、キャンセルポリシーもきちんと入れておきましょう。P121に例を載せているので、参考にしてください。

❹お支払い

支払い日は講師側で自由に決められますが、基本的に3〜5営業日以内をおすすめします。支払い期限を決めないと先延ばしになり、そのうちにキャンセルされてしまいます。

❺ご入金確認後、入金確認メールが届く

入金確認がとれたら、「入金ありがとうございました」のお礼メールを送ります。

講座受講のための道具や材料の到着予定日、動画視聴のためのURLの配信日も同時に記載します。

❻アドバイスがLINEに投稿される

ここからはサポート部分です。事前に、「LINEの投稿回数やアドバイスは何回までか」「投稿時間は何時から何時までか」などのルールを決めておきます。当たり前のことほど、きちんと伝えることが大切です。

❸ 注文詳細のメール例

① あいさつ
> こんにちは。
> ブルーミングオンライン教室、講師の〇〇です。

② お礼＋確認
> この度は「フェイクスイーツ基礎オンライン講座」にお申し込み下さいましてありがとうございます！

③ 入金・返金について
> 本講座は2種類のお支払い方法がございます。
>
> ❶銀行振込一括払い
> ❷〇〇決済（1回払いもしくは6回払い）
>
> 以下にお支払いのご案内を記載しておりますので、3日以内にお支払いをお願い致します。
>
> ❶銀行振込一括払いの方
> ▼振込先情報
> 参加費　〇〇〇〇円（税込）
>
> ❷その他決済サイト
> ▼以下のURLをクリックしてお支払いにお進み下さい。
> お支払い完了後、事務局より会員サイトのご案内を致します。
> 会員サイトをご案内後、スタートいただけます！

④ 期間
> ＜フェイクスイーツ基礎オンライン講座＞
> 20XX年X月XX日　スタート予定
> 期間は6ヶ月間で行います。

⑤ 注意事項
> ・キャンセルポリシーをご確認下さい。
> https://www.online.com/#cancel
>
> ご入金確認後、事務局から改めてご連絡させていただきます。
> それでは引き続きどうぞよろしくお願いします。

⑥ 講師プロフィール
> ＜講師プロフィール＞
> 発行元：ブルーミング教室
> 住所：〒000-0000
> 〇〇県〇〇市〇〇町1-1-1
> Email：mail@online.com
> https://www.online.com

配信方法

動画を視聴してもらうための動画配信サービス

　動画配信サービスというとYouTubeを思い浮かべる人も多いと思いますが、有料講座をYouTubeで配信したり、キットを購入した人だけが動画を視聴できるように限定公開機能を使うのは、YouTubeの利用規約違反となります。

　そのため、オンライン教室を開催する場合、動画販売が可能な動画配信サービスを使う必要があります。私や受講生さんたちは皆、「Vimeo」というサービスのPROプランを使っています（Vimeoについては P30 でもお話ししています）。

　動画講座は専用の会員サイトを用意するか、もしくはLINEなどで配信することも可能です。またサポートと併せて動画を視聴してもらうために、Facebookのプライベートグループで公開することも可能です。

　いくつかの方法があるので、紹介しますね。

会員サイトで公開する

　受講生さん限定で公開するサイトです。私は、Wixを使って会員サイトを用意しています。

　受講生さん自身がパスワードを設定し、必要なときに会員サイトで動画講座を視聴してもらう形です。

【 例 】

運気アップカルトナージュ LuxeTime
カルトナージュ講師　福木文咲恵さん

Facebookのプライベートページで公開する

　Facebookには、メンバーにしか公開されないプライベートページを作ることができます。

　このページに目次を作り、動画を投稿しておくことで講座を受講してもらうことができます。

【 例 】

「THE DREAM」メンバー限定のFacebookグループ

LINEでURLをお届けする

　Vimeoにアップロードした動画を「非公開」に設定すると、URLを知っている人しか視聴できなくなります。

　LINEを使って配信する場合は、VimeoのURLを送ることで講座の視聴が可能です。

【 例 】

外部プラットフォームを使った配信

　動画講座の配信プラットフォームを活用すると、学びたい人たちが集まっているところにダイレクトに自分の講座を紹介することができるので、効率的に集客できる場合があります。

　注意したいのは、プラットフォームを使用したとしても、基本的にカリキュラム作りや動画の編集は自分でしなければならない点です。また基本的に安価で提供される講座が多いため、そこで収益を上げるためにはプラットフォームをどう活用するのか、マーケティングスキルが必要になります。

　集客や会員サイトを管理する手間を省くという点では、活用するメリットがあるでしょう。

◆Udemy（ユーデミー）

　アメリカ発、世界最大規模の動画学習プラットフォームです。日本国内ではベネッセコーポレーションと資本提携を結び、日本国内でも利用者を増やしています。

　https://www.udemy.com/ja/

◆Class 101（クラス・ワンオーワン）

　韓国発のプラットフォームで、ハンドメイドのジャンルも多数開催されているのが注目のポイントです。専用サイトに講座を投稿し、「いいね」が一定数つくと講座が開催されるしくみです。

　https://class101.jp/

CHAPTER
4

受講生さんの心に
寄り添う
サポートと運営！

「長く続くお教室」って どんなお教室だろう？

受講生さんとの関係を深めていく お付き合いを心がけましょう

　P44で、「毎回新しいメニューを提供する単発講座でお教室を開催しても長続きしない」とお話ししました。

　もちろん、その方法でたくさんの受講生さんを楽しませているお教室もあります。しかし実際に、毎回講座の内容を考えて、試作して、講座の準備をして……と、単発の講座に集客し続けるのは本当に大変ですよね。

　そこに疲れてしまってお教室運営をやめようかと考える人も多いのです。では、長く続くお教室にするためにはどうしたらいいでしょうか。

長く続くお付き合いの秘訣とは？

　ここで少し振り返りますね。P64では、「魅力的な講座を1つ作ることが大事」というお話をしました。魅力的な1講座というのは、3回から6回くらいの長さで、その期間に作るものが全部満足度の高いものである必要があります。

その講座を受講しながら、講師からのアドバイスを受けたりするなどのやり取りすることで、信頼関係が築かれます。それに加えて、作りたいと思っていた作品が作れるようになったことで自信が生まれ、次の段階への期待が高まるのです。

そのタイミングで「次はこのような作品が作れるようになる講座がありますよ」と案内をすることで、さらにその先も「一緒にやっていきたいな」と思ってもらうことができるのです。

LTVの高いビジネスを意識しよう

マーケティング用語には、「ライフタイムバリュー（LTV）」という言葉があります。1人のお客様がどれぐらいの期間、あなたとお付き合いしてくれるかということです。「お付き合いしてくれる期間が長い」＝「LTVの高いビジネス」ということになります。

たとえば、「単発講座を毎回考えて毎回集客する」ビジネスモデルは、一度限りのお付き合いになる可能性が高いので、LTVの低いビジネスと言わざるを得ません。LTVの高いビジネスを構築することで、あなたのお教室は長く安定的に続けられるようになるのです。

Q でもマツド先生！
そうは言っても、既に高額講座を受講している受講生さんがさらに継続してくれるものでしょうか？

はい、実際に私の塾も、塾の受講生さんのお教室も、継続して受講してくれる人が8〜9割ほどいます。

「もっと作りたい！」の気持ちに応えた継続講座作り

cartonnage studio 布とハコと
カルトナージュ講師・作家　谷本真由美さん

カリキュラムの作り方がわからない！

　カルトナージュのお教室を運営する谷本真由美さんは、販売を中心に活動していた作家さんでした。たまに開催するワークショップは単発のみ。カリキュラム化したいと考えてはいたものの、どうしたらいいのかわからず悩んでいたときに「THE DREAM」に入塾し、最初の講座を作りました。

　そして私は、6ヶ月の講座が修了する際に次の講座を案内することを、真由美さんに提案しました。ところが真由美さんは、「次の講座は、最初に作った講座よりも難しくしなくては」と考えてしまい、またもや内容がまとまりません。

生徒さんは何がしたいのか？

　そこで真由美さんは生徒さんに、講座のどのようなところに魅力を感じているのかを聞いてみたのです。すると、作品が販売できるようになったり教えられるようになることよりも、とにかく作りたい人が多いということがわかりました。

　ということは、次の講座の内容も難しいものではなく、また違う作品が作れるようになる連続講座であれば、受講生さんは喜んでくれるでしょう。

　真由美さんの自信作を、次の講座内容として生徒さんに提案すると、ほぼ全員が継続参加を決めてくれました。受講生さんが何に魅力を感じているのかを確認できたことや、真由美さんに対する絶対的な信頼が、継続につながった事例です。

信頼関係を築くことで、
受講生さんの心のハードルを下げよう！

　行動経済学の「プロスペクト理論」において、人は「得するよりも損を避けたい」という思いが強いといわれています。つまり、「講座を受講して失敗したらどうしよう」「お金の無駄遣いになったら嫌だな」と感じることで、お金を払う行動を制御してしまっているのです。

　でも、一度あなたの講座に参加してくれた人なら、「この先生なら安心できるな」と実感してくれますよね。信頼をちゃんと構築できたら、2回目の購入に対する心のハードルは大きく下がるのです。

リピーターの重要さ

　だからこそ、一度お試ししてもらうために、「お試し講座」に参加してもらうことがとても大事です。

　リピーターのお客様から買ってもらうのにかかるコストに比べ、新規のお客様を集めるコストはその5倍かかるといわれます。リピーターを獲得するためにも、まずは「知ってもらう」「お試ししてもらう」ことがとても重要です。

　見込み客に向けて日々発信し、あなたのこと、あなたの講座のことを知ってもらう努力をしましょう。

「成長したい！」気持ちを叶える準備をしよう

受講生さんが叶えたいのはどんな夢？

例えば私が運営している、オンライン講座の集客実践塾「THE DREAM」では、6ヶ月講座修了後のコースとして、3つのパターンを用意しています。

> ❶ さらに上を目指す人のための上級コース
> ❷ 再度同じコースを受講する再受講コース
> ❸ コースで学ぶほどではないけれど、みんなと一緒にいたい人のためのサロンコース

それぞれサービス内容は違いますが、生徒さんの8～9割近くが、いずれかのコースを選んで継続してくれています。

継続したくなるお教室作り

継続してもらうためのポイントとなるのが、「講座の受講中にどれくらいの成果があったか」、「その講座の運営方法や環境にどれぐらい満足したか」の2点です。

受講生さんが「自分が作りたいと思っていた作品が作れるようになった！」「技術が上がった！」という自信が持てたとしたら、あなたの講座を受講して成果があったといえるでしょう。

また、受講生さんに講座の運営方法や環境に満足してもらうには、講座の進め方を改善したり、受講生同士が一緒に成長できるような体系化をしたりする必要があるかもしれません。

大切なのは「人」

しかし、成果だけでは継続に直結しないこともあります。ビジネスは人生と一緒です。全部がうまくいくわけではありません。正しい知識を得ても、成果は一緒というわけにはなかなかいかないものです。

そんな中でも、受講生さんに継続してもらうには、「この場にいてよかった」と思えるようなマインドセットと、環境を提供できるかが大きなポイントになります。

その要素で一番重要なのが「人」です。「どういう受講生さんがいるのか？」「どういう思いでいるのか？」ということを、今一度考えてみましょう。

長く続くお教室作りに必要なこと

私が運営しているオンライン講座の集客実践塾「THE DREAM」では、ただノウハウを提供するだけでなく、私自身が大切にしている想いを、次のようなスローガンにして生徒の皆さんにも共有しています。

支え合って応援し合って目指すハッピーな未来

「みんなでハッピーサクセス」

「THE DREAM」には、「みんなでハッピーサクセス」というスローガンがあります。自分1人ではなく、頑張っている人を応援しあって、みんなで成功しようというスローガンです。

支え合う関係性

先に進んでいる生徒さんたちが、アシスタントとして積極的に新人生徒さんのサポートをしてくれています。落ち込んだり悩んでいる人がいたら、声を掛け合って励ましあったりもしてくれています。

大変なときに誰かが寄り添ってくれるのは、本当にありがたいことです。誰もがそれを経験しているから、その連鎖で「次は私が応援しよう」につながっているのだと思います。

サロンにいる意味

そういう土台があるからこそ、「この人たちと一緒にいたい」と、サロンに残ってくれる人が多いです。

現在、お教室を初めて2年半、既に5期目になりますが、今も残ってくれている1期生もいます。仲間ができたことをみんなが喜んでくれているのも、とても嬉しく思っています。

自分1人だけうまくいけばいいと思う人は、講座に参加することができません。うまくいっている人たちは皆、応援することが上手です。「頑張ってね」と言うだけでなく、困っている人がいたら寄り添い、声をかけあい、それが当たり前にできるのが、「THE DREAM」なのです。

SECTION

3

サポート方法

サポート内容を決めよう

　ここまでで紹介した通り、サポートにはいくつかの方法があります。LINEでお返事する方法や、フェイスブックで秘密のページを作ってそこで質疑応答に答える方法など、あなたの使いやすいツールで構いません。

　どの方法を取るにせよ、決めておかなければいけないのは次の3点です。

> ❶ どこで
> ❷ どんなことを
> ❸ 何回までしてあげられるか

【 例 】

❶ LINEで
❷ 作品の写真のチェックと質疑応答を
❸ 無制限で行います

135

SECTION

3

サポート方法

回数制の注意点

　回数制については、「1ヶ月3回まで」などと制限すると、受講生さんそれぞれに、その質問が何回目かという管理が必要になります。たとえば、受講生さんに「質問にはナンバリングをしてください」とお願いするなど、回数がわかるようルールを作っておかなければなりません。

　金額にもよりますが、講座の受講中は回数制限がないほうが、講師もラクで、受講生さんにも喜ばれて一石二鳥です。

サポートのパターン例

　私が運営しているオンライン講座では現在、講座によって3つのパターンでサポートをしています。

Aパターン

　質問を受け付ける期日を決めて、それに対して決まった日にちに動画でお返事をする

Bパターン

　あらかじめFacebookにあげてもらっていた質問に対して、グループコンサルティングのときにお返事する

Cパターン

　前もって投稿はせずに、グループコンサルティングのときにすべてその場でお返事する

ルールを周知させることが大事！

　大事なのは、サポート内容のルールを明確にして受講生さんにしっかりと伝えることです。「THE DREAM」では会員サイトがあり、入塾後のオリエンテーションで必ずこのルールについても説明をしています。グループコンサルティングの予約方法や、キャンセル方法などもあらかじめ決められています。

　また、受講生さんの人数が増えるとやりとりにも時間が取られるので、講座やグループコンサルティング以外で受講生さんと直接の連絡はしていません。必ず事務局を通してもらうように伝えています。

　あらかじめ考えられることは、全て運営側がきちんとルールとして決めておくことも大事です。

Point!

決めたルールに対して講師自身が甘くすると、
受講生さん全員に対して公平性が保てなくなります。
ルールは講師がちゃんと守りましょう。

サロン運営ついて

サロンの存在意義

　講座修了後、「技術は覚えたけれど、まだ不安が残る」「困ったときに質問ができる環境が欲しい」と考える受講生さんもいます。そんな人のために、P132でもお話ししたように、新しい技術やノウハウの提供はないけれど、質疑応答はいつでもできる「サロン」を用意するのも、継続のひとつの形です。

　私が主宰している「ハンドメイド作家さんのためのブランディング塾」では、実践期間中に20〜30万円、多いと100〜200万円の売上を作る人もいます。そんな実績をあげて自信を持った人でも、「6ヶ月の講座修了後も何かあったときに、今までのように質問できる場所がほしい」と考える人もいます。収益UP系の講座とは異なり、特にブランディングは成功したと実感できるまで時間がかかるからです。

　そんな受講生さんに、メンバー限定で参加できるサロンを用意しておいて案内すると、勉強することや集う楽しさを知っているので、いい関係でサロンが運営できます。

サロンの目的

　サロンの一番の目的は「交流」です。LINEでもFacebookのプライベートグループでもいいので、参加しているメンバー専用でやりとりできる場所を作りましょう。

　そのうえで、月額課金ができる決済サイトで決済してもらうという流れです。月額課金は昨今、様々な決済サイトでも導入されています。受講生さんが使いやすいサイトを利用しましょう。

Point!

既に関係性ができているメンバー限定のサロンであっても、
質問のルールやサロン内でしてほしくないことなど
利用のための規約は作っておきましょう。

情報提供型サロンの注意

　サロンの一番の目的は交流であるとお話ししましたが、新しいレシピを公開したり、情報を提供したりすることも喜ばれます。ただし、それを毎月提供するとなると、新しく考えなければいけないことが増え、本末転倒となってしまうこともあるので注意しましょう。

　私も以前、P64でお話しした「1講座に集中する」という方法ではなく、毎月定額でハンドメイド活動に役立つ動画を1本視聴できるという形のサロンを運営していたことがありました。ここでは「毎月1本の講座を提供する」ことが必須だったので、ネタ探しで時間が取られたり、また提供する講座の内容によって受講者数が大きく

減ったりもしました。こういった情報提供型サロンの場合、ノウハウが欲しい人が集まってくるため、その内容がとても重要になってきます。

　また、関係性ができていない受講生さんからの意見は辛辣なこともあります。ノウハウの内容が上級者向けになると「わからない」、初心者向けになると「簡単すぎる」という声をいただくなど、万人が満足する内容にするのはとても難しいものでした。

長く続くサロンの作り方

　以上のような理由から、情報を提供し続ける形のサロンは、維持が難しいといえます。講師にとっても受講生さんにとっても一番いいのは、サロンにいること自体に価値を感じてくれる場所にすること。

　講師と親しく話したり、互いの失敗談を話したり、Zoomで作業を一緒にするなど、みんなとつながってワイワイ楽しめる場にすると、長く続くコミュニティができます。

サロンは最後に作ろう

　「1ヶ月に2回グループコンサルティングをする」とか、「1ヶ月に1回、何か作ってうまくいかなかったところをみんなでアドバイスする」など、方法はいろいろあります。

　ベストなのは、いきなりサロンを作るのではなく、ちゃんと関係性を作ってからサロンに入ってもらうことです。コミュニティを持っていない人がいきなりサロンを始めてもしんどいだけなので、順番は間違えないようにしましょう。

その場合も、毎月講師が情報を提供する形にしてしまうと、続けることが大変になってしまうので注意が必要です。

サロンの運営方法例

オンライン講座にして1年。認定講師向けの講座を修了した人のためのサロンを作った平野孝子さんの例をご紹介します。

同じ思いを持った人たちのステージアップの場に

かる・ふわjewelryベルミヨン vermillon
デザイナー　クロッシェジュエリー講師　平野孝子さん

認定資格を取得した人たちの悩みに応えたい

　かぎ針編みで作る、軽くてかわいいクロッシェジュエリーのオンライン教室を運営している平野孝子さん。作ったものを販売したり、教えたりできるようになる認定講師を育成しています。
　認定講師としてデビューした人たちが、販売するときや初めてお教室を開催するときに困ったことがあったら、なんでも聞いてもらえる場所を作りたいという思いでサロンを立ち上げました。

全国のメンバーと横のつながりができた！

　認定講座を修了した人たち限定のサロンの利用料は5500円。月に一度のグループコンサルティングや、講師の孝子さんにLINEで直接質問することができるという特別なメリットもあります。
　またメンバー限定で、講座の専用キットや編み図、活動に役立つリーフレットの購入も可能。「同じものを作ってきたメンバーで一緒に広げていくために横のつながりを作りたかった」と孝子さん。全国にいる生徒さんから喜ばれています。

5

サポートについてのＱ＆Ａ

動画の視聴はどこまで許す？

 Q オンライン講座に参加してくれる受講生さんから
「動画はいつまで見られますか？」と聞かれました。
６ヶ月の講座が終わったら見れなくする方法はありますか？

**A. はい、あります。しかし配信のたびに一度作った動画を再度
アップロードして、URLを変えなければなりません。**

　私の主宰する塾では、大きなシステムなどの変更がない限り、半
永久的に見られるようにしています。動画の視聴権限を区切ると、
URLを定期的に変えなければいけないなど、管理に時間や手間がか
かってしまうからです。

　いつでも見られるようにしておけば、仕事が忙しくて見る時間が
なかったり、介護や育児の都合で見られなかった受講生さんも、講
座へ入りやすくなります。

　同様に、動画のダウンロードに関しても、許可するかどうかをあ
らかじめ決めておきましょう。

習った作品を売ったり、教えてもいいの？

Q インスタのタイムラインに受講生さんが作った
私のデザインした作品が流れてきました。
どうやら販売しているようです。
やめてもらったほうがいいですか？

A. はい、それが約束されていたことであれば、やめてもらいましょう。ただし……。

　オンライン講座を受けた受講生さんから、「講座で作った作品を、第三者に販売してもいいですか？」「習った技術を自分の教室で教えてもいいですか？」という質問を受けることも出てくるでしょう。この場合、事前に自分でルールを決めておいてください。

　たとえば、次のようにさまざまなパターンが考えられます。

- 販売はOK。ただし、第三者に教えたい場合は専門技術を習得してディプロマを取得すること
- 販売もお教室を開いての講習もOK。ただし「〇〇デザイン」「〇〇クリエイト」などと明示すること
- 対面講座はOK、オンライン講座はNG
- 1対1はOK、動画を作って配信する形で教えるのはNG

　また、あなたが作った動画を使ってオンライン講座を開くことを許可する方法もあります。実際に、動画のコンテンツ使用料を含ん

だ形で20万円の講座を、10人くらいに販売している人もいます。

どのパターンにするかは、あなた次第です。あなたの講座や作品の特徴、受講生さんのモチベーションなどを加味して、あなたのお教室に一番合ったルールを見つけていきましょう。

質問のようなことが起こった場合、事前に「販売は禁止」と約束していたのであれば、やめてもらいましょう。ただ、販売してもいいと伝えていたなら、やめてもらうことはできません。

ディプロマを出す？　出さない？

Q オリジナルの講座をオンライン化しました。
ディプロマを発行することはできますか？

A. はい、発行することはできます。

受講生さんには、「絶対ディプロマが欲しい！」という人もいれば、「趣味だからいらない」という人もいます。モチベーションは受講生さんによって異なるので、講座を開くときにはディプロマ付きかどうかを明確にしておくことが必要です。

なかには「すごく興味があるけれど、ディプロマ付きのコースしかないんだ……。初めてだからそこまでは必要ないなぁ……」と、購入をためらうケースもあります。そんな機会損失がないように、

- 自分のお客様はどんな人か
- そのお客様に対して何を提供したら喜んでもらえるか

を、きちんと考えておきましょう。

道具や材料の準備はどうする？

 道具や材料を入れると講座の金額が高くなります。
各自で揃えてもらうことはできますか？

A. はい、もちろんできます。ただ、その手間代もちゃんと講座の金額に乗せて講座を案内してみては？

道具や材料は、講師が準備して送ってあげるパターンや、生徒さんに自分で用意してもらうパターン、さまざまな方法があります。講座によってミシンが必須など、必要な道具が違ってきますよね。あなたの講座では何を送ってあげて、何を準備してもらうのかを決めておく必要があります。

オンライン講座のいいところは、必要なものが全部届くこと。その届いた箱を開いたら、すぐに始められるのが大きな利点です。

【例】
作品づくりに必要な布や皮などの生地、口金や金具なども全部キットにして送る。その代わり、作品を作って売りたいときも、材料などはすべて講師から買ってもらうようにする。

たとえばこんなパターンにすると、お教室の収益も上がり、生徒

さんにも喜んでもらえます。そういう循環を作るのが、満足度の高いお教室づくりの要素でもあるのです。

作品の添削、質問にはどう答える？

 Q 受講生さんの作品をチェックしてあげたいのですが
実物を送ってもらったほうがいいのでしょうか？

A. **いいえ、送ってもらわなくても大丈夫な場合もあります。
写真やZoomなどで確認させてもらいましょう。**

　添削に関しては、投稿してもらったものに対して、どうやって返事するか、そのルールを自分で決めておくことが大切です。詳しくはP135でお話ししています。

CHAPTER
5

長く続けていくための
心の持ち方！

続けることの大切さ

私が起業で学んだこと

- 目覚まし時計に起こされたくない
- 満員電車には乗りたくない
- 上司からあれこれ言われたくない
- 欲しいものを我慢することなく買えるお金が欲しい
- 大好きな海外旅行に、行きたいときにいつでも自由に行けるようになりたい

これらはOL時代に私が夢見ていたことで、私が起業したかった理由でもあります。こう書くと「えっ？そんなことで？」と思われるかもしれません。書いている今の自分自身が、当時の自分に呆れるぐらい、大したことのない理由です。

そして、さらに付け加えると、長〜く続けたいと思えるぐらい「好き」なことを仕事にしたいとも思っていました。「好きな仕事」で時間とお金に余裕が持てるようになりたかったのです。

ここまでお伝えしたら、もしかしたら「私もそう思っています」という人もいるかもしれません。

しかし当時の私は、全てにおいて「自分が一番」でした。好きなことを手に入れようとする情熱はあっても、「誰かのために」という思いや、「高い志」なども持っていませんでした。ただ、自由にお金を稼げるようになりたいと思っていただけだったのです。

失敗と挫折を繰り返し……

フリーランスとして起業すること自体は、それほど難しいことではありません。起業してすぐ、幸運にもOL時代以上の収入を得られるようにもなりました。でもそれは一瞬のこと。

起業から今を振り返ると、悩んでいた時間のほうが長かったと思うくらい、たくさんの失敗や挫折が訪れました。そしてその失敗や挫折があるたびに、大切なことを学んできたのです。

- 自分ができることではなく、相手が欲しいものを提供しないとお金を得ることができないということ
- 必要とされてこそ自分が活かされるということ
- 「好きな仕事」は決して「楽な仕事」ではないこと
- 自分だけでなく、関わってくれる人たちみんながハッピーでないと続けられないこと
- 親しい間だからこそ、余計に感謝の気持ちが大事だということ
- 何が起こってもプラスに受け止めることで、必ず愛に溢れた人生になるということ

私が起業して学んだのは、豊かな人生を手に入れるために必要な、人としての基本のようなものでした。

続けることで道は開く

　起業してから20年以上、法人にしてからも、もうすぐ20年になります。今は、私がOL時代に夢見ていたことは全部実現できました。なぜ夢が現実になったのかというと、「やめなかったから」。この一言につきます。

　お教室を運営しているあなたにも、疲れてしまってお休みしたくなることがあるでしょう。生徒さんとの関わり方に疑問を持つこともあると思います。

　集客に悩み、お金に悩み、未来に悩み、そうして私も続けてきました。やめたいと思ったことは何度もあったけれど、それでも私は続けてきました。続けるしか道がないと思ってたからです。だからこうして今があります。

悩みにとらわれすぎない！

　悩みも挫折も、人間にとって持病のようなものです。悩みはなくなりません。1つ解決したら、今度はまた違う悩みがやってくるうえ、悩みも成長に合わせて変化していきます。完治しないので、上手に付き合っていくしかありません。

　そんな時に毎回、時間をかけてグズグズと悩んでいたら短い人生、時間がもったいない！と思うようになりました。そうしているうちに、長く続けるためには、売上を上げるテクニックよりも、心の持ち方がとても大事だということに自分自身も気がつきました。

　悩みを早く解決するために、日頃からどんなふうに物事を受け止めるかというのが重要なのです。

自分自身を見つめ直す

変わるのは「自分」

うまくいかないときは、つい自分以外の何かのせいにしたくなります。「子どもが小さいから仕事に集中できない」「パパがおうちのことを手伝ってくれないから自分の時間ばかり取られてしまう」「パソコンが苦手だからオンライン講座にできない」とか。

でも、うまくいかない状態を選んでいるのは、実は自分だということにも気がついて欲しいのです。

叱ってもらえて気づけたこと

私は、起業してすぐにライターとして営業を始め、来る日も来る日も出版社に足を運びました。千葉の実家から都内の出版社まで出かけるにはお金がかかります。でも、一向に仕事に繋がりませんでした。

そこで、貯金が底をつく前にアルバイトを始めました。朝早くにアルバイトに出かけ、帰ってから出版社へ持参する企画を考える日々。そのうちに、「出版社へ行くのにお金がかかるから、営業をやめようか」と考え始めていたのです。

「ライターの仕事が来ないのは都内に住んでいないから」「他のライターさんは華やかに活躍していて羨ましいな」とずっと思っていました。

　そんなあるとき、フリーランスの先輩が「アルバイトするために会社辞めたの？　そのままでいいの？」と叱ってくれたのです。私が会社を辞めたのは、好きなことでずっと自分を食べさせていきたかったからです。誰かを責めたり、他のことにせいにしたところで、解決にはならないですよね。

自分を変えるために動いてみよう！

　子どもが小さくて仕事に集中できないなら時間の使い方を工夫してみる、パパがおうちのことを手伝ってくれないのなら一度ちゃんと話し合ってみる、パソコンが苦手だったらパソコン教室に通って学ぶ。ちゃんと解決策があるはずなのです。

　私もそうでした。誰かを羨ましがったり、変えることのできないことを恨んだりしても、解決にはなりません。結局のところ、変わることを選んでいないのは自分です。

　他人は変えることができません。変わるのはいつだって自分です。私がその後どうなったかは、この本をここまで読んでくれたあなたなら、もうおわかりですね。

「好きな仕事」は、決して「楽な仕事」ではない

　実は、私は一度起業に失敗しています。30歳のときに実家を建て替えたのを機に、何か自宅でやってみようと、100万円ほどの費用をかけて、大好きなエステで副業を始めました。

私には、エステティックの知識も経験もありません。ただエステが好きだったので、「せっかく仕事にするのであれば好きなことを！」という思いだったのです。短期で勉強できるフェイシャルとリフレクソロジーのスキルを身につけ、週末の2日間限定で自宅にエステサロンを開業しました。

　ところが、最初から集客がうまくいくことはありません。母が友達に声をかけてくれたり、地域新聞に広告を載せ始めて、ようやくポツポツと予約が入り始めました。

　施術しているときはとても幸せな気持ちになれましたが、平日はフルタイムで正社員、週末はエステサロンとなると、買い物や遊びに行ったり、のんびり休んだりすることはできません。結果、大した繁盛もしないまま閉店することになりました。

「好き」の違い

　このときチャレンジしてみたことで、「好き」は「好き」でも、エステに関しては「お客様側にいるほうが好き」だということに気がつきました。また、いくら情熱があってカンタンに始められるとしても、結局のところ一生懸命に取り組まないと、続けられないことも思い知らされました。

　「好きな仕事」は「楽な仕事」ではありません。だけど、「好きな仕事」だからこそ、努力することは楽にできます。

　私の場合、エステは好きでしたが、エステのために寝る間を惜しんでスキルアップしたり、勉強したりすることができませんでした。そんなエステティシャンに、お客様は満足してくれませんよね。

　お教室運営においても一緒です。技術だけでなく、さらなる努力が自然にできると、長く続けられる仕事になります。

3

独り占めしない

一番怖いライバルは誰？

　ハンドメイド作家として仕事をしている人から、「収入の柱をもう一つ作りたいからオンライン講座をやりたい」と相談を受けることがあります。

　自分の作っているものを、目をキラキラさせながら「かわいい」と言ってもらえるのは、大きな喜びですよね。ただ、頑張って作ったものが全部売れるとは限りません。何が売れるかがわからないからたくさん在庫を持つこともあります。材料費だってかかります。

　また仮に売れたとしても、1人で作れる量には限界があります。1ヶ月頑張っても最高でここまで、という数字を見て、講師業を視野に入れる人も少なくはありません。

講師業で更に活動の幅が広がる！
Midget ミジェット
クレイアートアクセサリー講師　大倉陽子さん

作品作りだけでは限界があった
　粘土を使って小さなお花や動物を作る作家の大倉陽子さんも、

その１人でした。全く売れない状態から私の運営するブランディング塾に参加し、その後は海外でも作品を販売できるようになった人気の作家さんです。

　ところが、１作品を作るのには時間がかかり、委託先のお店からの要望もあります。作家業での限界を考えたと同時に、自分がやっていることで喜んでくれる人がいたら教えたいという思いで講座を作り、現在はオンライン教室を開催しています。

　陽子さんのように、作り方を教えるということは、自分の作品を誰かも同じように作るようになるということです。そして、もしもあなたが許可したら、あなたの作ったレシピで作品を販売する人たちも出てきます。そのときに「自分が作ったものを他の人も販売したらライバルが増える！」と考えると、受講生さんには大事なところは隠しておきたくなってしまいそうですね。

　ところがその「大事なところ」が、受講生さんにとっても一番知りたいところであることが多いです。そこを教えてもらえない講座に入りたいと思うでしょうか？

あなたが一番伝えたいことは？

　ここで、ハンドメイドが大好きで、いろいろなジャンルで作品作りをしていたTOKOさんの例をお話ししますね。

大切に育ててきたオリジナルを皆で広げる！
cottonberry® ビーズコラージュ®講師 TOKOさん

強みを持ちたくて

　TOKOさんは試行錯誤しながら、ビーズ刺繍にコラージュの要素を組み合わせたオリジナルの技術「ビーズコラージュ®」を考案し、作品販売をしていました。

　しかし、同ジャンルのハンドメイド作家さんが増えていくなかで、収入の軸を増やしたいと考えたのです。講師業と両立して仕事にするため、オンライン化を学ぼうと「THE DREAM」に参加してくれました。

一番大切な技術を出し惜しみしない！

　バックエンドがなかったTOKOさんは、自身の持っているいろいろなハンドメイドジャンルをコンテンツとして考えてみました。しかし、どれもしっくり来ません。かといって、苦労して作り上げたビーズコラージュ®は自分だけの秘密にしておきたいと思っていました。

　ところが考えれば考えるほど、TOKOさん自身が「何を聞かれても愛と自信を持って答えられるのはビーズコラージュ®しかない！」ということに気がついたのです。

　教えると気持ちが固まったら、中途半端に出し惜しみをせず、習ってくれる人にもちゃんと習得してもらいたいと強く思えるようになりました。

独り占めしないことで成功した

「自分の技術を教えることでこんなに感謝してもらえることを知りませんでした。教えたくない！と思っていたけれど、本当は一

番教えたかったことなのかもしれません」とTOKOさん。

　今は受講生さんたちの作品も売れてほしいと、販売の
ノウハウを提供するオンライン講座も開催しています。

生徒さんの成功を一緒に喜べますか？

　「早く行きたければ１人で行け。遠くまで行きたければみんなで行
け」。これはアフリカのことわざで、私の好きな言葉のひとつです。

　自分の講座を売るだけなら、スピーディに１人でやればいいでしょ
う。ただ、自分の講座や技術をたくさんの人に届けようと思った
ら、少し時間はかかってもみんなで広げていくほうが良いのです。

　この思いがなかったら、生徒さんが自分にとって一番怖いライバ
ルになってしまうかもしれません。

　あなたは生徒さんが成功することを心から後押しできますか？
生徒さんの成功を一緒に喜んであげられる講師が、結果として長く
続けられる講師になります。

SECTION **4**

目標を掲げて努力する

「頑張ります！」では頑張れない

　売上目標は決めていますか？　長くお教室を続けるためには当然のことながら、毎月の収支を把握しておくべきです。ちゃんと利益が出ているから、お教室が継続できます。

　ところが、どんぶり勘定になっている人も多いようです。目標を設定しないと、その目標を達成するためには何人の集客が必要なのかがわかりません。そしてその人数を集めるために何をすべきかも、あやふやなままです。

目標の数字を決めよう

　やみくもに「インスタグラムの更新を頑張ります」という人も多いです。しかし、「インスタグラムの更新を頑張る」と一口にいっても、「１日に何人のフォロワーさんを増やすのか」、「何人にLINEに登録してもらうのか」など数字を明確にしないと、何をどう頑張ればいいのか分からないですよね。

　私自身も、毎月の売上目標を決めています。その売上目標を達成するために、次のような数字を全部出しています。

- 何人の成約が必要なのか
- 何人お試し講座に参加してもらえばいいのか
- 毎月何人にLINEに登録してもらうのか

　数字で追うと、「LINE登録から何％の人がお試し講座に申し込みしてくれるか」、「お試し講座に参加してくれた人のうち何％が成約してくれるか」など、数字の目安が見えてきます。全て数値で逆算して、必要な人数を集めるから売上目標も達成できるのです。

　売上目標は、まず達成の目処が立つ数字で。今まで10万円の売上を作るのが困難だった人が、いきなり100万円を目指すのは難しいです。少しずつ現実的な数字で達成しながら、目標を高めていきましょう。

ワクワクする未来を想像しよう！

　数字が苦手な人も多いかもしれませんが、思い出してほしいのが、「何を、どんな気持ちでやるか？」ということです。「苦手、面倒くさい」と思いながら挑むと、頭に入ってきません。でも、「この数字がちゃんと計画できると売上がどんどん変わってくるんだ」と思うようにすると、数字と仲良くなれます。

　苦手でも必要なことなので、どうせだったら楽しい気持ちで取り組みたいですよね。そんなときに大事なのは、未来にワクワクする気持ちです。

　生徒さんの笑顔が増える。自分の技術を広げてくれる人たちが増える。みんながみんなを応援しあえる。そんな豊かな夢が叶う場所を作っていきましょう。

カバーデザイン	植竹裕
編集協力	阿部民子
本文デザイン・図版作成	仲澤敬子

動画作成・編集ページ協力　　マーメイドヴィジョン
　　　　　　　　　　　　　　スワロフスキーデコ講師　野中ともか

カバー写真：iStock.com/Antikwar、JuliarStudio、elenabs、Serg_Velusceac、prapann

オンラインで稼ぐ!　ハンドメイド教室の作り方

発行日　2021年8月5日　　　第1刷発行

著　者	マツドアケミ
発行者	清田名人
発行所	株式会社内外出版社
	〒110-8578 東京都台東区東上野2-1-11
	電話　03-5830-0368（企画販売局）
	電話　03-5830-0237（編集部）
	https://www.naigai-p.co.jp/
印刷・製本	中央精版印刷株式会社

Ⓒ Akemi Matsudo 2021 Printed in Japan
ISBN 978-4-86257-558-6　C2076